NO TIME to LOSE
生命不再等待

A Timely Guide to the Way
of the Bodhisattva

by
Pema Chödrön

作者 | 佩玛 · 丘卓
译者 | 雷叔云

陕西师范大学出版社

目 录

导 读

菩萨道的修行

佛教的修行概分为解脱道和菩萨道二种。解脱道着重在自我烦恼的超越，以戒、定、慧三学深观自我烦恼的起因，并对治之，得到内心的涅槃寂静；菩萨道立基于解脱道而扩大之，不仅求自我烦恼的超越，更求其他众生烦恼的超越，以六波罗蜜甚至十波罗蜜救济众生，得到大涅槃、大菩提的无上佛果。

这二种修行方法各有其殊胜处，但也有其陷阱，若处理不当，易生过患。解脱道的殊胜是绵绵密密，于自己身心如实观察，其陷阱是着迷于禅定的神秘境界，厌离世间，唯有理性缺少感性；菩萨道的殊胜是理论深广、愿行无边、法门无量，其陷阱则是空泛难行、能放不能收。

所以，修行应有解脱道的深厚基础，以及菩萨道的开阔心胸。二者确实不易兼得，若论次第，应先修解脱道，才谈得上菩萨道。菩萨道有如万丈高楼，必须有稳固的地基，否则易于倾倒。但不可以解脱道为满足，否则沦为自了汉，对世间众生并无助益，应进修菩萨道，才是积极的人生观。

菩萨道又称大乘佛教，分为汉传佛教和藏传佛教两大主流，前者盛行于中国、韩国、日本和越南，后者盛行于中国西藏、蒙古和俄罗斯。

顾名思义，《入菩萨行》属于菩萨道，却不闻于汉传佛教，只盛行于藏传佛教，而且还是藏传佛教的主要论典之一。原因是《入菩萨行》成书于八世纪，那时汉传佛教早已粲然大备，教观双美，不再需要印度佛教的养分。

《入菩萨行》译成中文，乃最近二十年的事，连二十世纪翻译藏传佛教论书甚有成就的法尊（1901—1981）似乎都未曾提及，可见本书之晚出。

藏传佛教有次第分明的特色，却常有宗教普遍存在的神通描述，可将其视为宗教启人信心的方便。

《入菩萨行》的作者寂天，出生于八世纪的南印度，生平并不甚详。那时印度佛教已成强弩之末，充满神秘色彩，而佛教才刚传入西藏，致使藏传佛教糅合本土苯教之后，也披上了外人不甚理解的神秘外衣。或许因此引起大家的好奇，使藏传佛教得以遍传全世界，比起汉传佛教还全球化。

《入菩萨行》的神秘色彩并不重，因为它属于显教的理论。汉传佛教描述菩萨道的经论甚多，但不是失之过简，就是失之过繁。

菩萨道的修行，可分十住位（《华严经》把初住细分为十信位）、十行位、十回向位、十地位（《华严经》在第十地法云地之后另立等觉位）、妙觉佛位等四十一个过程（依《华严经》则为五十二个过程）。这是一条漫长的难行道，需要三大阿僧祇劫（无量劫）才可以功德圆满，修行者往往视为畏途，必须发四弘誓愿才能坚持下去：众生无边誓愿度，烦恼无尽誓愿断，法门无量誓愿学，佛道无上誓愿成。正因为漫长时间的修行，才可以断除极微细的烦恼无明，成就无上正等正觉的佛果。

《入菩萨行》的内容就是顺着这个次第，不过略去十住位、十行位、十回向位的德目，因为这三十位的内容与解脱道大体相似。《入菩萨行》在谈十地位之前，先谈归敬（表示尊重佛法僧三宝）、愿菩提心和行菩提心（即四弘誓愿）、忏悔业障；在谈完十地位之后，以回向功德总结，呼应最先的发菩提心。这是佛教修行的通例。

十地位的修行内涵是十波罗蜜：布施波罗蜜、持戒波罗蜜、安忍波罗蜜、精进波罗蜜、禅定波罗蜜、般若波罗蜜、方便波罗蜜、愿波罗蜜、力波罗蜜、智波罗蜜。后四波罗蜜是证得般若波罗蜜之后的延伸，所以一般谈菩萨道，为简明起见，只谈前六波罗蜜。《入菩萨行》亦然。

所以本书的编排，除前言之外，依次是发菩提心、忏悔罪业、受持菩提心、守护正知、安忍、精进、禅定、回向。恐文繁，兹不赘。

读本书，要回到第八世纪印度的时空，才不会格格不入。

本书英文书名为“No Time to Lose”（没有时间浪费），令人精神为之一振。人生苦短，菩提路远，岂容片刻懈怠！汉传佛教晚课以普贤警众偈“是日已过，命亦随减；如少水鱼，斯有何乐？大众当勤精进！”作结，读之凛然。

郑振煌　2008 年 11 月 1 日于中华维鬘学会

作者序

平凡如我们，也可以改变世界

《入菩萨行》(*The Way to Bodhisattva*，梵语为*Bodhicharyavatara*）虽造于十二个世纪以前的印度，但与我们这个时代仍然密切相关。此一经典论著为印度圣者寂天（Shantideva）菩萨所造，内容出奇地跟得上时代。他指导你我这样的人，即便身处乱世，仍能生活清醒，内心开放。此论是为初发心菩萨所写的一本重要指南。这些精神勇士希望能减轻自己和他人的痛苦，因此它属大乘(Mahayana)，佛教中重于广大无边之慈悲及培养灵活柔软、平等无分别智慧的一支。

依据传统，要为一部如《入菩萨行》这样的论著写注释，注释者必须有深刻的体证，或在梦中受到指引。不幸的，我两种资历俱无，仅能以诚挚的发心来讲授，使初接触的读者能如我一般受益于寂天菩萨。

我对《入菩萨行》的欣赏是慢慢生起的，那是在我对十九世纪西藏伟大的游化瑜伽士 Patrul 仁波切熟稔之后。由于他的著作和不寻常的传说，我的敬爱之心油然而生。他居无定所，身无长物，行为率性，又不受传统束缚，但他是一位伟大而充满智慧的老师。他的一生在很多情况下示现了他的证量；他极为慈悲和柔软，也坦诚得毫不留情面。

当我发现 Patrul 仁波切讲授了这部论著不下百次，本论就引起了我的注意。他游历西藏，讲给愿意聆听的人，不分贫富贵贱、比丘学者或从未接触过佛教教义的人。我听说之后就想："如果这位离经叛道、虔诚的瑜伽士如此喜爱本论，其中必有文章。"于是我开始认真地研读本论。

有些人对《入菩萨行》一见钟情，我则不然。说真的，要不是出于对 Patrul 仁波切的钦慕，我还不会开始读它呢！当我逐步掌握内容大要之后，它让我惊觉自己的自以为是，我开始感恩这些教示是多么迫切而中肯。寂天菩萨的教导使我了解到，凡常如我们，也可以使这极度需要援手的世间改观。

我同时也希望有一部学院气息少些的注释书问世，也就是一部可以为广大读者甚至对佛法一无所知的人们所接受的注释书。

基于以上的理由，我受邀在甘波修道院（Gampo Abbey）讲授《入菩萨行》时，不觉摩拳擦掌想要尝试一番。讲授的笔录是架构本书的基础，我以一位学生的观点来注释寂天菩萨的教示，而且将会不断改进。毫无疑问，我在上师的帮助之下，对这些偈颂的理解将与时俱增。无论如何，我还是由衷欢喜来分享我对寂天菩萨教诲的热情。

寂天菩萨生于八世纪的印度，贵为王子。他身为长子，注定得继承王位。他的诸多事迹之一，就是在他登基典礼的前一晚，梦见文殊师利（象征智慧的菩萨）示现并劝他舍弃世间生活，追求究竟真理。于是寂天菩萨立即放弃王位，离家求道，宛如历史上的佛陀。

另一版本是，寂天菩萨在即位典礼的前一晚，他的母亲用滚烫的水给他施行浴礼。他问母亲为何故意烫伤他，母亲答道："儿啊，这种痛苦远不及你为王将经历的痛苦啊！"就在当晚，他离开了家。

无论哪一件事才是真正的催化剂，总之，寂天菩萨自此在印度消失，成为隐士。后来他抵达那烂陀大学（Nalanda University）——当时印度规模最宏大、阵容最强的道场，吸引了各个佛教国家的学生前来学习。他在那烂陀出家，法名寂天，意译为"宁静天神"（God of Peace）。

他在那烂陀并不受欢迎，与后来所享之盛誉恰好相反，他显然是上课或修行都从不出席的那种人，同修比丘讥他有三"想"，分别是食、睡、拉撒。他们想给他一点教训，于是邀请他向全校说法。这向来是只有最优秀的学生才能得到的荣誉，你必须升座，当然，还必须讲得出东西才成。比丘们想，他一定会被羞辱得无地自容而离开大学。这是其中之一的故事版本。

另一个版本则对那烂陀抱持比较同情的态度：比丘们希望借由羞辱寂天菩萨而激励他学习上进。然而，比丘们想和人作对时，亦如一切有情众生，或许总不免乐见寂天菩萨出糗，甚至传说他们想更进一步羞辱他而将法座置于高处，还不备阶梯。

结果出乎意料，寂天菩萨毫不困难便上了座，然后充满自信地问在座比丘，想听传统经教，还是闻所未闻的。当他们表示想听些新鲜的之后，他便讲了整部《入菩萨行》。

这次开示不仅对个人的修行充满有益的忠告，而且与生活息息相关，既诗意又清新。在第一颂中，寂天菩萨说他所有说法都承自佛陀，因此他所原创的倒非主题内容，而是直率而现代的表达方式，以及美妙有力的用字遣词。

寂天菩萨在开示即将结束前，开始讲授空义：身心体验中的无所限量、不可言说、如幻如化的本质。随着他的讲授，他的开示愈来愈与空性相应，愈来愈无可执持，比丘的心也愈来愈开放。这时，传说寂天菩萨开始凌空而起，渐升渐高，直到比丘再也看不见他的身影，只有诵经之声仍不绝于耳。或许这只是形容听众出神谛听的感觉吧！我们永远无法确定。唯一能确定的是，待空义开示完毕，他便不见踪影。他的消失也许使比丘大失所望，但他从此未再回到那烂陀，余生成为游化瑜伽士。

《入菩萨行》共分十品，Patrul 仁波切依据佛法大德龙树菩萨以下的偈颂，而将全论分为三大部分：

菩提心妙宝，
未生者当生；
已生勿退失，
展转益增长。

梵语 bodhichitta 常被译为“觉醒的心”，而且有一种要去除痛苦的强烈希求。在相对的层次(译注：即世俗谛)，菩提心的表现是希求，精确地说，是由衷渴望自己从无明和习性中解放出来，以便帮助他人亦达此一境地；减轻他人的痛苦才是重点。我们帮助自己所认识、所关爱的人，便开始接近目标了，但根本的志向是全面的，包括所有的人。菩提心是“不可能的任务”：希愿去除一切众生的痛苦，包括素未谋面以及令我们心生憎恶的人。

在绝对的层次（译注：即胜义谛），菩提心是不二智，心念广大无边、平等无分别的本质，最重要的是你的心——你的，也是我的。这看似遥不可及，其实不然。事实上，寂天菩萨造此论的目的，也是为提醒自己，开发智慧的心，并使之增长广大。

根据 Patrul 仁波切的三分法，《入菩萨行》的前三品阐释了龙树菩萨偈颂的前两句——“菩提心妙宝，未生者当生”——关怀他人的初发心。我们渴望在自己和一切众生——甚至从未曾关心他人福祉的人——身上发生这种转化。初品是赞叹伟大菩提心的狂想曲；第二品是为心做准备，来滋养菩提心的希求，如同松土整地，我们为心做准备，好让菩提心的种子生长其上；第三品介绍菩提愿，决心用一己的生命来帮助他人。

说来悲哀，我们的心思通常是围绕着自身的舒适和安全，而不太能转到他人所经历的困境。我们一方面认为自己的偏见和愤怒有理，一方面又害怕并指责他人的偏见和愤怒。我们不希望自己和自己所爱的人受苦，却原谅自己施于仇敌的报复举动。在每天的新闻中见到“我最大”(me-first）思维所带来的悲惨结局，我们也许希望所有男女都生起菩提心，不再对仇敌寻求报复，甚至反而希望他们得到平静。马丁·路德·金（Martin Luther King）便是一个例子。他了解幸福快乐要靠整体疗愈，选边站——黑或白、加害者或受害者——只会令痛苦永无消退之日。如果我要得到疗愈，每一个人都要先被疗愈才行。

令世间发生正向转变的人，一定有广大的心胸，他们心中的菩提心已大大觉醒，他们运用善巧方便与大众沟通，带来巨大的改变，甚至改变了那些从未关切过他人的人。这便是《入菩萨行》前三品的主题：觉性的初晓。

龙树菩萨偈颂的下一句：“已生勿退失”，是有关《入菩萨行》四、五、六品的，着重菩提心的培育。如果不加鼓励，想止息痛苦的希求会暂时休眠，虽然不会完全消失，但爱和同情的能力必然会降低。

智慧也是一样，仅仅瞥见心的开放性，我们都会深深为之感动。它会激发我们勤读如本论之类的经论，唤醒我们的迫切感，觉得要在生命中做些有意义的事才行。但如果我们不去滋养这个发心，它便开始转弱，我们便只顾得了眼前的生活，而遗忘自己曾经有过的广阔视野。因此，我们一旦感到菩提心的希求，便需要学习如何持续下去。

在四、五、六品中，寂天菩萨描写了我们需要如何善巧处理心念中的狂野和情绪性反应，这是教我们如何从只顾自己这种心胸狭隘的参考点——Chögyam Trungpa 仁波切称之为“茧”——解放出来最重要的教导。

在这几品中，也介绍了六度波罗蜜（paramitas），这是六种方法，可以超越习性带给我们的虚妄安全感，并在无可执著、无可预测的生命当中得到自在。波罗蜜的字义是“到彼岸”(going to the other shore)。凡常的预设概念障碍我们的直观，“波罗蜜”则让我们超越。

第五品中，寂天菩萨讲了持戒波罗蜜，第六品则讲了安忍波罗蜜，但这里的持戒和安忍并非一般经验中的抑制和宽恕，而是消融深植心中的负面和自私的习性，以使心觉醒。

七、八、九品阐释了龙树菩萨偈颂的最后一句，激发菩提心，“展转益增长”。第七品讨论了精进波罗蜜，第八品是禅定波罗蜜，第九品则是空的智慧（译注：即所谓般若波罗蜜，也就是到彼岸的智慧）。

在第三部分中，寂天菩萨展现了菩提心如何成为一种生活方式。依止于他的法教，我们终可面对最艰困的情况，而不失智慧与慈悲。这当然是一个渐进的学习过程，我们有时可能会故态复萌，然而在我们走上由畏惧通往无畏的旅程时，寂天菩萨一直与我们同在，给予我们所需的智慧和鼓励。

几经考虑，我认为《入菩萨行》第九品的注释需要一本专书。这些般若波罗蜜，也就是“空的智慧”的教示，对寂天菩萨的整体讲授十分重要，又较诸其他部分艰涩，它们呈现了寂天菩萨对空义的“中道”见地及与其他佛教徒或非佛教徒的哲学辩论。由于过于复杂，我觉得最好未来另作讲述。在此，我向你推荐莲源翻译群（Padmakara Translation Group）所译《入菩萨行》导言中的精彩阐释。

最后第十品，寂天菩萨——全心全意并且用所有的热情——将开示的利益回向受苦的众生。

我将本论视为由自而他、民胞物与的指导手册，也是慈悲行动的指南。我们读诵了它，便可以从有害的习性和痴迷中解放出来，也可以使智慧和慈悲增长广大，更可发心跟所遇见的每一个人分享读诵它的利益。

读诵《入菩萨行》时，如果听起来是真实的，就接受并消化它，这才是真精神。论中倒不是处处激励人心，有时候你可能会觉得他的语言在挑战你，有时候你也许会被激怒或冒犯。但请记住：寂天菩萨鼓励我们的发心从未动摇。他从未怀疑我们有力量、有本初善（basic goodness）可以帮助他人；他巨细靡遗地告诉我们，他学到了如何达到此一境地，接下来，当然就看我们会不会善用这些讯息，使其实现了。

寂天菩萨决心传达出此一讯息，使我个人受益良多：像你我这样的人，只要唤醒菩提心的希求，便能够转化生命。我深深感谢他不厌其烦地对我们说：我们必须这样做！很迫切，没时间再等了！当我环顾今日世间的状况，我知道，此一讯息真是再及时不过了。

只要虚空仍然存在，
只要还有众生流转其中，
我誓愿长久住世，
精进不懈去除众生的痛苦！

——《入菩萨行》十·五五

第一品 发菩提心

《入菩萨行》初品中，广泛赞叹了菩提心（bodhichitta）。寂天菩萨开宗明义便说：我们确实能开发出自己最优质的部分，并助他人也达到此一境地。菩提心是人类本初的智慧，可以去除世间苦恼。

菩提（bodhi）意为“觉醒”（awake），即自凡常、痴惑的心解放出来，也从视众生为个别独存的妄想中解放出来。心（chitta）则指“心智”（mind）和“心灵”（heart）。根据寂天菩萨及其之前的佛陀的教导，快乐和平静的关键，就在于菩提之中的平等无分别智和良善心灵。

寂天菩萨以传统的四句偈展开教示。首先，他表达了感恩与尊敬；其次，他矢志要完成本论；第三，他表示谦卑；在第三颂中，他激励信心。这种礼敬颂的形式对那烂陀的比丘是再熟悉不过了，然而其个人风格和蓬勃生气却使本论独一无二。

礼敬佛、法、一切佛子，

以及所有令人尊敬的时贤。

如今我将依据经教简要宣说，

如何入手受持奉行菩萨学处。

卷首偈颂为皈依“三宝”——佛、法、僧。依传统的说法，历史上的佛陀是楷模或典范，法是他的圣教，僧是声闻比丘和地上菩萨。然而在此，寂天菩萨将我们所理解的三宝赋予更深的意涵。

佛自然包括一切佛，但亦指我们的潜力（译注：指佛性），我们也有潜力从自我中心所产生的希冀和恐惧中解脱出来。我们与生俱来就有权利拥有一无所限、体见实相的喜悦，因此寂天菩萨并未礼敬身外之物，而是礼敬他证悟的能力。他崇敬已证悟的圣人，我们所有人都可能证悟圣人所证悟的实相。

法不但指书写和口头的教授，亦指现证的真理。更直接地说，就是如实未经改编的生命。无论什么发生在我们身上——好或坏、快乐或忧伤——都可使我们不再一味只顾自己。如果我们善用一直都环绕身边的各种机缘，那么，一切都是佛法。

佛子指善根成熟的僧团，具足伟大的智慧与慈悲，但也包括初发心的凡夫菩萨。所有不再只看重自我，并且努力关心彼此的人，都是佛子。

最后，他对所有令人尊敬的时贤表示感谢，礼敬在修行道路上助他一臂之力的师友。

在传统的礼敬颂之后，寂天菩萨铺陈主题并决心排除万难完成开示，接着，他将依据经教呈现他由佛、法、僧及其他上师处所学到及所了解的佛法。

下定决心后所产生的力量，往往大得出人意料。但在我们下决心承担任务、将其贯彻始终的过程中，总不免有所犹豫和踌躇。须记得寂天菩萨是受僧人之请而开示，其实僧人是要羞辱他的。一想到听众，他不免战栗，因此他召唤无我的勇气，不受威胁，勇往直前。

这部入行论均为前贤已说，并无创见
我也才疏学浅不擅词藻；
因此我丝毫不敢奢望著述利他，
造论主要是为了抒发我的理解。

谦恭也是经教的传统，寂天菩萨表示他清楚骄慢的过患，也知道如果心中充满傲慢，即使佛陀坐在面前，也不会得到任何利益。

然而，谦恭不能与自尊低落混为一谈。当寂天菩萨说我才疏学浅不擅词藻，他并非藐视自己。在西方，自尊低落之所以如此普遍，实肇因于对个人不足之处过于执著。寂天菩萨决心不划地自限，他只是足够谦卑，知道自己哪一关过不了；也足够智慧，了解有法门可以超越。

在第二颂的最后一行中，寂天菩萨解释，他原为激励自心而造此论，从未梦想与人分享。

我的信心，将因而增强，
并习以菩萨行。
他人若有缘接触本论，
愿他们如我一样得到法益。

在第三颂中，寂天菩萨以信心来完成传统的礼敬颂，造此论并奉行其文义，带给他莫大喜悦。一想到他的省思现在就可能有利于人，使他更为快乐。在欢喜和感谢的心境下，寂天菩萨开始讲授本文。

暇满人身甚难得，
不应虚度此生！
若未运用成自利，
何时再遇此良机？

以佛教徒的观点来看，人身是非常难得的，寂天菩萨假设我们了解人身的珍贵，以及人身甚难得。他鼓励我们思惟自身的优势，把握机会用这个生命做有意义的事。

然而，这一生忽忽如白驹之过隙，未来无人可知。我已与僧团师兄师姊一同老去，我看到许多朋友死去，或在身体、心智上遭逢剧变。虽然眼前我们的生命看起来离完美甚远，然而我们有绝佳的机会，我们有智慧，有老师和法教，至少有意研读经论并从事禅修。但我们之中有些人可能会在今年结束之前死去，有些人可能会在五年之内由于病重或过于痛苦而无法专心研读佛教经论，更别提依教奉行了。此外，许多人会更加沉迷于追逐俗务——花上两年、十年、二十年或余生——再也无暇从只顾自己的桎梏中超脱出来了。

未来的外在情况如战争或暴力，也许会当道，使我们没有时间诚实地自省，这极有可能发生。再不然，我们可能堕入过多享受的陷阱。当生活安逸、奢侈而舒适，不会有太多的痛苦让我们从世俗引诱中掉头，我们就会顾盼自得，对众生的痛苦冷眼相看。

佛陀向我们保证，人身是最理想的，苦乐刚好参半，因此我们不应虚掷这珍贵的福报。

就像在暗夜中的一道闪电，
照明乌云所遮蔽的一切；
同样，由于佛陀的威德力，
世人会萌生短暂的善念。

看啊！世人的善行全然脆弱，
除了圆满的菩提心之外，
什么也不能够抗拒
恶念的强大力量。

第五和第六颂中，描述了初发菩提心的短暂、脆弱。大乘佛法通常告诉我们烦恼杂染（neurosis）短暂无常又无有实体，如蓝天上的云朵。当我们情绪扰动时，佛、菩萨并不将我们看成愚痴或无可救药的；他们仅将我们的痴惑当作天气转坏。天气瞬息万变，掠过我们虚空般的心。

但第五和第六颂并不是佛、菩萨的观点，而是我们的观点。是我们感觉困在云后动弹不得：也许我们短缺了什么，也许我们太怯弱，想要偶尔瞥见天空都太困难、太痛苦。我们不时从自己或他人口中听到这类说法。

若不再将眼前的困难视为坚实而永存的，不再相信它们是“我”，我们便大可以说：“这只是天气，会过去的，这不是本初状态。”在寂天菩萨看来，菩提心的灵光一现，就具备了强大的力道。每个人都知道云开雾散——即使只是一瞬间——感受到自己的潜力和可能性是怎样的情形。如果没有这样的开头和其后相续的灵光，我们不会有心去探索这条道路。

大威德的诸佛经过多劫思惟，
发觉只有菩提心，
能够救度无量无边的众生，
引领他们获得最胜妙的安乐。

寂天菩萨知道我们可以信任菩提心的灵光一现，如果认出它并滋养它，菩提心便会增长。觉者经过多劫思惟，发觉唯有菩提心的良善，才能使我们不耽溺在固有的自我中心之中。

到此，我们可能会问，菩提心何以有如此的力量？也许最简单的答案是，它将我们从自我中心解救出来，让我们抛弃障碍自己的习性；甚至可以说，我们所遭遇的每一件事都会是一个良机，让我们为觉醒开发无比的勇气。

当我们受到严重挫折，我们可以向外看，看到他人也有困顿的时刻；当我们感到孤独、愤怒或沮丧，我们以同样的心情来了解他人的忧伤。

我们有同样的反应、同样的攫取和同样的抗拒。我们若能激励众生从痛苦中超脱出来，我们就从茧中脱身了，生命从此变得比“我”大得多。无论我们的生命多么黑暗、消沉，或是多么欢乐、令人振奋，我们都可以开发四海一家的意识。

Trungpa 仁波切曾说：“大乘佛法在本质上是思惟永远超越。”（The essence of Mahayana is thinking bigger.）寂天菩萨呈现出这样的本质，他的法教指导我们如何慈悲地生活并开启更广大的思惟。

若想灭除自己生命中的忧苦，
并解脱众生的痛苦，
若想赢得这种殊胜的美善，
就应永不舍弃菩提心。

当寂天菩萨提到若想灭除自己生命中的忧苦，系指佛教的基本教义，止息个人的痛苦；当他提到解脱众生的痛苦，则是说大乘佛法的发心，将一切众生都从痛苦中救度出来，无一例外。

当然，他并不是说：“我只要照顾他人。我自己不快乐，或恨自己，或脾气无法控制，都无所谓。”我们想要止息自己的痛苦，殆无疑义，但大乘佛法的独到之处就是：我们想要终止个人的痛苦，乃是为了止息他人的痛苦。这是寂天菩萨所传达的最强而有力的讯息，也是菩提心的本质。

我们大多数人都希望与人分享自己所理解的真理，在此同时，我们也更清楚自己尚待努力之处。到了一定时候我们便会明白，我们为自己所做的也有益于他人，我们为他人所做的也有益于自己。这就是寂天菩萨所指出的，如果要得到究竟的快乐，就应永不舍弃菩提心。

生死牢狱中的苦难众生，
若生起菩提心，

在那一瞬间就是诸佛如来之子，

应得人天礼敬。

若要简单解释梵语“生死轮回”（samsara）的意义，可以援用爱因斯坦（Albert Einstein）对“疯狂”所下的定义：“一再重复某种行为，还以为会获致不同的结果。”寂天菩萨形容这是陷在生死牢狱中。然而，我们虽习于一再重复，却还是可以对他人怀抱仁慈和同情，甚至闪过菩提心的灵光。在那个瞬间，我们就成为佛子，值得一切众生的敬重。

根据宗萨钦哲仁波切（Dzongsar Khyentse Rinpoche）的看法，本颂可能是对印度社会的批评。寂天菩萨认为若要体验菩提心，不必一定生于某个种姓阶级；即使那些被视为贱民（untouchable）的，也是佛子。

菩提心并非某种精英理论，专为世事练达又受过良好教育的人而设，它属于每位一众生。我们不必觉得自己没机会唤醒菩提心，也不应愤然认为他人太轻佻或太骄傲而没资格入选。在生死牢狱中的每一位众生都是慈悲心觉醒的候选人。

菩提心有如冶金师最殊胜的材料，

能将凡夫杂染的身体，

转成无价的佛身。

我们应该坚定地掌握它！

若众生的导师，

以无量的智慧发现菩提心是无价之宝，

想要脱离六道轮回的我们，
就应该善持珍贵的菩提心。

其他善行就像芭蕉树一样，
结出果实以后就会枯槁。
殊胜的菩提心树
生果之后，却还能不断生长。

好比靠着勇士的保护得以脱离危险，
即使恶业深重的人，
只要有菩提心也可以立即获得解脱。
那么谁会不想信赖菩提心呢？

菩提心正如劫末的猛火，
能彻底烧毁各种重罪。
因此睿智慈悲的弥勒菩萨对善财说：
菩提心的利益广大无量。

在这一段中，寂天菩萨用了六个菩提心的比喻，第一个是炼金术，见于第十颂。菩提心可以运用任何事物——凡常的意行、身行、语行——去除我们只顾自己的心态。第十一到十四颂的比喻分别是无价之宝、如意树、勇士、劫末之火，第六个比喻有点像“等等”，指出另一部佛经中有许多其他比喻。

在第十一颂中，众生的导师指佛、菩萨，有如具有丰富寻宝经验的船长，看到无价之宝时，他们是识货的，水手信任他们，并将他们和财富联想在一起，知道跟着他们会致富，脱离六道轮回。寂天菩萨说，我们可以有同样的信心，信任佛对珍贵菩提心的鉴识能力，如同水手信任船长的知识。

在第十二颂中，将菩提心比做如意树，有结不完的果；对比之下，芭蕉树只结一次果便枯死了。同样地，帮助他人当然是好事，但只会结限量的果。如果我们的帮助是希求他人从痴惑中完全超脱，便会不断结出果实，直到成佛。任何一个怀着菩提心的简单行为，都将开启广大的可能性。

第十三颂中的比喻是勇士，有如一位益友保护我们麻烦不上身。危险是指恶业的种子成熟。当我们利用这些困局来打开自己的心灵，不再关闭自己，便如同有保护者长相左右。

第十四颂中的类比是大火烧去不善的习性。通常我们将不善的习性暴露出来或者拿它来和自己作对，好找个理由留下它们。无论何者，我们都促使这些习性一再增强。

菩萨在“火中”修行，此指他们深入世间的痛苦，也指他们停驻在自己痛苦的情绪中，既不随意表现出来，也不压抑。他们愿意精准地探索情绪的无可执著的本质，及其流动的能量——那体验使我们对他人的痛苦和勇气感同身受。

第六个比喻是指某一部佛经提到未来佛——弥勒菩萨（Maitreya）——给弟子善财（Sudhana）举了两百三十个菩提心的例子。

> 菩提心，这觉醒的心，
>
> 可简要归纳为两种：

一是愿菩提心，

二是行菩提心。

心中想去某处和已经动身上路，

便是这两类菩提心的分野。

因此，有智慧的人应该了解，

它们有先后之别。

在此，寂天菩萨提出了世俗菩提心的两个面向：愿和行。愿菩提心有如想出去旅行，行菩提心则是实际出发上路。我们首先发愿证悟佛道，并利益他人，然后全力以赴，促其实现。

需要一些例子吗？就拿你深陷贪爱和执取来说吧！你蓄积、囤积，害怕被拿走或被迫割舍心爱之物，那么为了自己和他人的幸福，你要怎样对治这不合理的执著？

一个方法是开发慷慨的美德。在愿菩提心的层次，你环顾房间，看看自己心爱之物，然后观想布施出去：大红毛衣、特别的藏书、收在抽屉里的巧克力。你不必真的给出去，只是观想，接着扩展这供养，将百万件毛衣、百万本书、百万颗巧克力，送给特定的人，或送给宇宙中任何人。

这样，愿菩提心便成就了两件事：既得以遂愿减少自己的痛苦，又能遂愿裨益他人。如果我们希愿他人不但接收到我们的献礼，而且感受到无杂染的内心喜悦，我们的愿就更加广大了。

我们还没做好准备之前，愿菩提心是一项很有力的方法。举例来说，只是决心给出你最执著的东西，就已在训练我们如何放下害怕的心了；行菩提心——在此是实际给予的能力——不久就会出现了。

如果我们视“给予”等同于“自贪爱中解脱”，我们就更热切给予了，即便造成一些痛苦，也不成问题。

对仍在生死轮回中的众生而言，
愿菩提心可以生出丰富的善果，
却无法产生相续不断的福德，
福德只能由行菩提心生起。

一旦发起永不退转的愿，
为救度无量无边的众生，
而受持菩提心，
从那一刻开始，

纵使在睡眠或失去正知的时刻，
福德的巨大力量，
仍不断滋生，
如无边的虚空一样广阔。

愿菩提心带来广大的利益，在生死轮回中尚未解脱的众生，它可以生出丰富的善果，我们不难看出何以如此。在发心的层次，我们就随分随力开始利益自他，同时胜解逐渐增长；当我们能够将愿菩提心化为行菩提心时，我们已认识到极为深刻的道理：无私的行动可将我们从恐惧和忧伤中解放。

在第十八和十九颂中，寂天菩萨说我们救度众生的发心，可以不再退堕，带来如无边的虚空一样广阔的利益。当我们终于相信为他人着想才是智慧时，就会如此；我们真实知道这是无可摧毁的幸福来源。于是我们生命的核心转移了。一旦转移，纵使在睡眠或失去正知的时刻，我们也会感到利益不断地流出。

这是无我的快乐，也是知道根本没有牢狱的喜悦；有的不过是我们非常强烈的习气，再也没有理由继续加强它们了。这些习气的本质如幻如化，既无实体亦不独存，全是我们创造出来的。就是基于这种了解，我们希愿救度无量无边的众生。

这就是如来

在《妙臂请问经》里，

对小乘行者，

以推理方式所作的开示。

在此，寂天菩萨告诉我们，佛陀向小乘行者开示菩提心的利益。他们只想从自身的痛苦中解放出来，在这部佛陀应弟子妙臂（Sabahu）之请而说的经中，佛陀鼓励他们更上层楼，唤醒菩提心。

他的推理是这样的：有情众生无量无边，如恒河沙数。因为众生比心所能知解的还要多，所以救度一切众生的发愿也不可思议。一旦这样发心，我们凡常、痴惑的心便可超越它的一般能力，无量无边地伸展。当我们将自己成佛的希求，扩展至无量无边的众生，我们受到的利益同样无量无边。

总之，我们愈能开发不可思议、超越言说的广大心量，我们就愈加喜悦。

> 如果有人以仁慈的布施心，
> 仅仅发愿疗除
> 他人的头痛之疾，
> 这样的福德便已经无量无边了。
>
> 何况发愿要
> 去除每一个众生的无边痛苦，
> 他所获得的无边福德，
> 自然就更不用说了。

这是大乘佛法的推论：一个人的头疼减轻固然很好，若每一个人的头疼都能减轻，就更好了。

当然，我们的希愿无量无边时，也创造了一个进退两难的局面。想成为菩萨的人如认真地逐字解读，就会说："怎么可能疗除一切有情的头疼之疾！我们怎么办，送世上每个人一颗阿司匹林吗？"

另一方面，这即是伯纳·葛拉斯曼（Roshi Bernard Glassman）的回应。他在纽约州扬克斯（Yonks）为无家可归的游民服务，他说他知道永远无法使游民绝迹，但他将奉献一生全力以赴，这是愿菩提心。不用操心结果，只消将自心开放到广大不可思议的境地，以无数不同的方式帮助一切你遇见的人。愿心是广大的：愿每一个人都能止息身苦；更确切地说，愿每一个人都证悟真理。

我们的父亲或母亲，

曾有这样广大的愿吗？

欲天、瑞希诸圣，甚至梵天

有这样的慈悲心吗？

因为在过去，他们从未

为自己思惟过这样的利益，

甚至连梦都不曾梦过，

他们怎么可能为了他人而发心呢？

我们的父母可能非常仁慈，但纵使他们抚养了我们，希望我们得到最好的，他们能让我们从习气中解脱吗？更重要的，他们能激励一切众生同样解脱，无一例外吗？在第二十三颂中，寂天菩萨又参照印度教，问瑞希（Rishis，可敬的成就圣者）或梵天（Brahma，宇宙的创造者），是否也有这等同样的愿。

在这些颂文中，寂天菩萨间接指出种姓制度认为某些人有资格觉醒，某些人则由于恶业没有资格觉醒，如果连天神和瑞希都这样想，他们怎可能希愿其他人从分别心中解放出来？

众生尚且不会为自己的真正利益而发心，

怎能为他人发心？

菩提心如此珍贵稀有，

若能生起，真是空前的殊胜啊！

寂天菩萨谈到那些不会为自己的真正利益而发心的人，说的是我们大部分人；处理习气往往并非我们的第一要务。大多数人并不热衷减少情绪和偏见，或者唤醒菩提心，我们只是希望无灾无难过完一天。然而若没有解脱的愿，我们怎可能希望他人也得以解脱？唯有我们珍视的东西，才会让我们企盼别人也能拥有。

唤醒菩提心的机会如此珍贵稀有，如同寂天菩萨所说，从偏见和预设立场的狭隘心胸中解放出来，这种体验很珍贵。而且，只要你愿意一试，没有人不会有此体验。

这种珍贵的心态，这种心中的宝，
是涤除痛苦的甘霖，
是轮回众生安乐的因，
它的广大福德怎能度量呢？

哪有什么能比得上涤除痛苦的甘霖？菩提心妙药将我们从自我中心解放出来，带给我们自在和爱心。

众生找到了安乐的因，纵使我们这些初发心菩萨还未计划出离这混乱的世界，但我们深入世事，碰到什么就处理什么，生死牢狱就成了修行道场、新兵训练营。如果我们发现自己不断跟生活连续剧挂钩，我们就退避回来修心。但我们的热情所在，永远是深度止息一切痛苦，以平等心去迎接更大的挑战。

愿菩提心的福德，
就远胜供养诸佛了，

行菩提心的福德
自然更不在话下。

虽然众生都想去除苦难，
却总在自讨苦吃。
虽然都想追求快乐，却因为愚痴，
平白把自己的快乐当成仇敌一样给摧毁了。

寂天菩萨再一次赞叹凡常、利他之愿，但又说，若能付诸行动，则功德会大得多。然而若要最有效益地帮助他人，我们应先处理自己的痴惑。

如寂天菩萨指出，虽然我们希望自己从苦难中解脱，却总在自讨苦吃。我们可以说，我们做出疯狂的事是有意的，但实际上这些事不一定都是由意志鼓动的。我们的习气如此之深，有时造成伤害还不自知。我们渴望快乐，却又做出摧毁自心宁静的事，不自觉地一再使事情恶化。如果我们要帮助他人解脱，必须先处理自己不善的习气。稍后我们会发现，寂天菩萨是摧毁习气的专家。

具有行菩提心的菩萨，
对于缺乏安乐、充满痛苦的众生，
能助他们从所承受的苦难中，
断除一切身苦和心苦。

并彻底驱除愚痴的黑暗——

世间哪有善行及得上这样的行为呢？

哪有朋友比得上这样的善知识呢？

哪有福德比菩提心更广大呢？

第二十九和三十颂间接地谈到了布施波罗蜜，这种布施让我们从压力和自私中超脱。根据法教，布施有三类，也就是三种给出自己、帮助他人的方法。

第一类是“财施”，像布施食物或庇护所。

第二类是“无畏施”，我们帮助恐惧的人。如果有人怕黑，我们给他一支手电筒；如果他们正经历可怕的时期，我们安慰他们；如果他们从噩梦中惊醒，我们陪伴他们。听起来不难，但需要时间、努力和关怀。

第三类是驱除无明的黑暗，亦即是“法施”，是最深度的布施。虽然除了自己，没有人可以为我们消除无明，但我们可以靠着典范和教示，彼此激励和支援。

救度有情众生之愿不可思议，但永远从自己开始。我们唯一必须分享的，就是自己的体验。我们实在无法假装自己有多觉醒或多慈悲。我们的许多体悟是从诚实认清自己的缺陷而来。发现自己无法达到自己的标准，这使我们谦卑，也让我们对他人的困难和错误更有同理心。

总之，最好的朋友是具有同理心，又能善巧地帮助我们自助的人。

如果有人受恩能报，

尚且值得世人称许赞叹；

那么主动利人的菩萨，

值得我们赞叹就更不在话下了。

有人以嗟来食的轻蔑态度
不过施食一次——
使饥渴的众生获得半天的温饱——
就被世人恭敬地称为大善人。

何况菩萨尽未来际，
不断施予无量无边的众生
成佛之道的无上妙乐，
圆满众生最究竟的愿求。

第三十二颂指印度的习俗，给予布施一个固定形式。如果一个人一天一次、一周一次、一月一次施食给乞丐，他便被视为具有美德的人，因此寂天菩萨提出有计划地布施。

若住在有游民的城市，我们大部分人可以这样做：自拟一个计划——像是布施第一个向我们开口的人，以此减轻我们这一天其余时间的罪疚。这样的布施当然是有功德的，但我们还可以更进一步。当我们布施给无家可归的男女时，我们发愿希望他们从痛苦中解脱，我们还可以发心将我们的安乐和幸福延伸给他们以及所有游民。更重要的是，我们可以发觉彼此有多少相似之处，然后以无有怨气、无有嗟来食的心态布施。

即使在发菩提心最早的阶段，我们也可以将一切众生包括进来。如果不断施予无量无边的众生成佛之道的无上妙乐，超出你的能力范围，你只要当它是真的就好。举例来说，当我们生病时，我们不太会想到别人生病。但我们是可能转变的：若你生病，你可以想到别人也会生病；即使泡个舒服的澡也会让你钻出茧来。可是无数的人——冻坏了而渴望温暖的人，累坏了却无法休息的人——却享受不到这样的舒适。我们可以发心令一切众生从痛苦中解放出来，得以享受我们所享有的快乐。

最后三颂谈正确对待菩萨的方式。

若有人对发心博施济众的菩萨，
生起狠毒的嗔害心，
佛说：此人将长受地狱之苦，
而且时间就像心怀恶意的劫期一样长。

反之，若有人对菩萨生起清净的信心，
将获得广大长久的善果。
菩萨即使遭遇逆境，
不仅不生罪业——反而增长善行。

对已生起这种珍贵庄严菩提心的菩萨——
我深深礼敬！
这种安乐的泉源甚至能带给仇敌究竟安乐，
我深愿皈依！

第三十四颂首次提及地狱。小时候大人教我地狱是终极的惩罚，如果你真的很坏，死后就会被送到那里去。我很高兴向大家报告，在此并非这样的见地。以佛教徒的观点，我们看的是因果，以及我们不断在内心熏习的习气。因此，我们现在开放或封闭心灵，就是撒下未来的地狱或幸福的种子。

许多藏传经论生动描绘了吞噬一切的地狱，这不外乎是众生的内心经验。举例来说，寂天菩萨在最后的回向品说，以刀兵相互疯狂砍杀，特指有意去伤害另一人，尤其是伤害已经献身于利益众生的人。我们残酷行径的远期果报，就是身处地狱一般的环境。其实是我们自己的嗔恨心伤害了自己，并不是我们受惩罚而被送进地狱。地狱是我们嗔恨心的示现。

也须注意寂天菩萨说，生起狠毒的嗔害心是什么意思，这里的关键词是“生起”，对任何人生起嗔害心，都会产生极度的痛苦，时间就像心怀恶意的劫期一样长——换句话说，我们执持嗔害心不放下的时间有多长，痛苦就有多长。

另一方面，生起清净的信心便有快乐，它不会分隔彼此，使我们感觉被割弃而生起恐惧，反而使我们与人更贴近。

第三十五颂中，寂天菩萨说菩萨即使遭遇逆境，也还是会从事善行。我们在遭逢难关时往往害怕、发飙、耽溺于某种瘾头以逃避痛苦。寂天菩萨说，菩萨遭遇艰难反而变得柔软、仁慈，我们也可以发心达到同样的境地。

菩萨道需要努力。我们的习气根深蒂固，然而，我们一旦发现艰难的处境使自己更自私、更封闭，我们就可视其为真理的示现，转化即会发生在这些痛苦的时刻当中。逆境可以生起谦卑和同理心，让我们不再造作更多烦恼和严重的罪过；好比跪下使我们柔软，也更能向他人伸出援手。

在最后一颂中，寂天菩萨礼敬一切愿意唤醒菩提心的人。他礼敬菩提心，菩提心是安乐的泉源，甚至能带给仇敌究竟安乐。

结尾好似与第三十四颂相矛盾：生起狠毒嗔害心的人会陷入地狱。但从觉醒圣者的观点来看，即使生起狠毒的嗔害心也可以获致幸福。由于我们发了慈悲心，甚至可借助“仇害者”将我们从只顾自己的心态中超脱出来，由此证悟。

我们知道快乐的根源之后，便不会再增加痛苦。例如有人侮辱你，你也许想报复，但你知道这不会利益任何人。相反的，在想讨回公道的当下，你可以对自己说：“愿我对此人所感到的愤怒，终令我俩解脱。”

这是初发心菩萨的愿，他们正在学习如何放下。纵使我们不是真的这样感觉，我们也能说出：“愿这个看似负面的因缘，让我们觉醒。”

第二品 忏悔罪业

我一向好奇菩提心的最初一抹幽光是怎么冒出来的？我们任何一个人在“生死牢狱”中都只顾自己，怎么会突然灵光乍现，生发出菩提心的希求和广大视野？尽管也许只有那么一瞥！

《入菩萨行》的第二品，寂天菩萨介绍了“七支献供”，为心智和心灵觉醒做准备的七种修行。这是经教中积聚资粮的方法，寂天菩萨由第一颂献供的修行说起。

为了受持珍贵的愿菩提心与行菩提心，
如今我要真诚地供养诸佛如来，
最上、无垢稀有的胜妙法宝，
以及功德广大似海的僧宝。

这项修行包含三大部分：特殊的献供对象、特殊的发心以及特殊献供本身。

献供的特殊对象是三宝：佛、法（无垢稀有的胜妙法宝）、僧（佛子共住的团体）。此处的重点是与觉性（wakefulness）共鸣：看似“外在”的觉性与看似“内在”的觉性共鸣。于是，对智慧典范人物的尊敬，都可焕发我们自己的开放性和内在最优良的心质。

特殊的发心是为受持珍贵的愿菩提心与行菩提心而献供，我们因明确想要唤起觉醒的心而从事献供。举例来说，当我们觉得自己有所不足或心灵封闭的时候，我们可以简单有力地在内心献供生命中最愉悦、最美丽的事物，来提振自己。我们下面马上会读到，寂天菩萨对这项修行充满热情，他热情地献供他在生命中所见种种美妙之事物；他献供自己，也献供他所能观想的最好献礼。

当我们献供真实珍贵的物品，布施的行为就与自私的惯性背道而驰了，结果会有助于我们解脱。布施让我们放下执著，令无助和恐惧不再增长。这样一来，此项修行便排除了我们只顾自己的幽闭恐惧症，让我们更贴近菩提心。

若向佛、菩萨和其他的时贤献供，我们不但可以开阔心胸，还可以培养奉献和爱的温馨；若献供给深陷痛苦或需要帮助的人，我们便开展了自己的柔软和慈悲。因此，这项看似容易的布施——开启并放下——能造成深刻的转化。

一旦能够走出自我中心，我们就在心识中撒下了善种子。只要有善因缘，这些善种子便会盛开出福报。这种福报称为“功德”（merit），表现为善的外在情境和内在心态。最究竟的功德，来自内心无分别的清明。

当我们站在清醒的这一边，不再心胸狭隘、只顾自己，我们便积聚了功德，这是一种由衷与自我交朋友的方式。Trungpa 仁波切曾经说：

“积聚功德最多的人，一定是谦逊又一心付出的人，而不是一心蓄积的人。”寂天菩萨在这种心境下，以发心积聚功德并且希求体验菩提心，来从事这七种修行。

我献上所有珍果和鲜花，
种种上好的药材，
一切世间的珍奇宝物，
所有令人神清气爽的净水。

每一座蕴藏奇珍异宝的高山，
所有宁静舒适、远离尘嚣的园林，
繁花盛开的珍妙宝树，
以及果实累累的树枝。

天上人间的芬芳香气，
燃香、如意树和珍宝树，
不必耕耘而自然长成的庄稼作物，
以及每一值得供奉的华丽饰物。

点缀着种种莲花的大小湖泊，
湖中吟唱悦耳的美天鹅，
乃至浩瀚虚空界内，
一切赏心悦目及无主的事物。

我逐一观想它们，

然后恭敬地献给无上诸佛和佛子。

诸位慈悲的最胜福田，请悯念于我，

我祈求的神圣对象，请接受这些献礼吧！

因为我宿世未曾修集福德，一贫如洗，

没有其他财物供养三宝；

但慈怙主啊！您一心利他，

为利益我，请以大威德力接纳这份献礼吧！

第一支献供为大自然丰饶——花果、山水、树木——不能为人所“拥有”的事物，最穷的穷人也可以献出。我们可以献供天空、鸟鸣、观看日出的愉悦。如寂天菩萨，我们欢喜地将我们所见、所闻、所尝、所嗅，以及每一值得供奉的华丽饰物，做广大美妙的献供。

只要掌握住欢喜的时刻，我们便永远有珍贵的献礼在手。即使无家可归——因为我宿世未曾修集福德，一贫如洗，没有其他财物供养三宝——我们只要拥有这无价的财富，就是富足的，因为我们感恩这个世间,并见到其丰盛,可以向他人献供。我们用它们作为无上的献供，如此一来，我们想要的事物不再成为贪爱的对象，反而转化为解脱的方法。

我愿生生世世，

奉献身命给诸佛和佛子！

诸位尊胜大士，请完全接纳我，

我愿恭敬做你们的仆从！

若得到慈尊的接纳，
我将利益一切众生，令他们免于恐惧。
我将超脱一切宿罪，
不造任何新恶业！

第八和九颂中，寂天菩萨献供他自己。他的推论很实际：任何能够引领我们走出自我中心的修行都大有可为。在日常层次，我们是真可以献出自己的，例如，也许有人在会议中说："我们需要一个人晚点下班。"我们若感到那种熟悉的抗拒在拉锯，就可以献出自己，虽然需要跨越一大步。只要我们决定从种种恐惧的习气中解脱，到处都是机会。

当然寂天菩萨不是指同事或朋友，他是指佛、菩萨；但实际上，我们不是为佛而做。当寂天菩萨将自己献供给智慧和慈悲的化身，他自己即是受益人；佛并不需要我们当仆从。从另一方面说，看到自己愉快自在，较不吝啬，占有欲减少，谁不欢喜呢？

献供使我们从只顾自己的痛苦中解放出来，我们愿意献供我们珍贵的时间、精力及其他执著的事物吗？我们愿意从自私、恐惧、心胸狭隘的习气中解放出来吗？如果是肯定的，那么我们可以由此修行，得到绝大的利益。

香郁的澡堂里，
有着晶莹剔透的水晶地板，

遍镶宝石的柱子，
其上高悬着闪烁耀眼的珍珠华盖。

我用许多珍美的宝瓶，
盛满甜美喜悦的净水，
在优雅的绕梁歌乐中
为诸佛与佛子沐浴。

浴毕，即用妙香熏制、
世间无双的浴巾拭干他们的身体。
然后再向他们献上
香郁色好的庄严衣服。

我也用种种质地细柔的衣服，
和百种庄严美妙的缀饰，
来庄严普贤、文殊，
及观自在菩萨等圣众。

寂天菩萨观想庄严的献供，让我们知道这项修行有多令人喜悦。我们可以尽情奢侈地观想，豪奢地献供，不但为自己，也为佛、菩萨和一切众生。

第十和十一颂中，他描述精致高雅的澡堂。第十二和十三颂中，他献供珍妙衣裳——柔软、奢华的浴巾，美丽、香气袭人的衣袍——所有这些我们对着商品目录垂涎的事物，我们不妨沉浸在白日梦的喜悦中，然后献供出去。

将这些献礼供养八尊主要菩萨中的三尊——普贤(Samantabhadra)、文殊（Manjughosha）和观自在（Lokeshvara）菩萨。普贤菩萨是无限慷慨的，我们也有相同特质：一颗慷慨的心，有着无限成长的潜能。文殊菩萨示现无限的智慧，我们也都具足。观自在菩萨是慈悲的化身，我们尊敬他，因为知道自己的慈悲也可以开发、拓展。

我要用熏遍三千大千世界的奇香，
恭敬敷抹诸佛；
令诸佛之身像磨亮的纯金，
闪耀而辉煌。

大觉佛陀是我礼敬的对象，
谨献上莲花、曼陀罗花、
青莲花及各种香气袭人的鲜花
所串成的芬芳花环。

我要向佛陀献上最好的香，
使悦人心灵的香气四处弥漫，结成香云，
以及各种神馐珍馔——
诸神所享用的佳肴。

我要献上由金莲花装饰而成的
珍贵宝灯；

在香气袭人的平坦地面，
铺上层层柔软的花瓣。

寂天菩萨似乎完全陶醉其中，他献供香油，恭敬敷抹诸佛，还有成串鲜花的花环，如夏威夷花环。他献供花灯，不仅是小烛，而是状如金莲花的典雅花灯，竖立在布满花瓣、用香洒布的地面上。

自第十五颂开始，献供就有特殊的意义了。根据经教，每一种献供都是为开发某一项心质。举例来说，献供鲜花增进我们感受爱和慈悲的能力；第十六颂中香的献供，则增进我们自制的能力。

我们所供养的任何献礼，都能开发我们天生的优良心质，好似揭开盖子。我们沉浸在丰盛中，发现自己的占有欲不再那么强烈，也更慷慨好施了。这样，献供可以克服悭吝，是非常直截了当、不可思议的修行方法，可以开发我们的本初善。

广大宫殿中洋溢着悦耳的赞歌，
悬垂的珍珠宝石闪闪发光，
我要将这些能够庄严无边虚空的灿烂饰物，
献给大慈大悲的菩萨。

金柄撑起珍宝镶饰的庄严伞盖，
周边点缀着珍宝的边饰，
昂然挺立，配置合宜，令人视之心旷神怡，
我也要将这样的伞盖献给诸佛。

愿众多的其他供物，

由悦耳音乐

交响成广大无尽的乐云，

消除有情的忧悲愁苦！

愿香花和各种宝物

如雨一般相续不断地飘降，

落在胜妙法宝，

三宝及一切供养圣物之上！

第十八颂中，寂天菩萨献供洋溢着悦耳赞歌的宫殿，象征创造和谐、令人振奋的社区团体。第十九颂中，献供典礼阳伞，传统上是指利益众生的能力。第二十颂中，献供音乐，能增进我们传扬佛法的能力，使人们得以听闻真理的优美。

第二十一颂中，献供的是发心希望花雨和瑰宝不断降临在圣典法宝、三宝以及一切令修行进步的事物上。最后在第二十二和二十三颂中，他将献出无上崇高的供养：追随老师的典范并依教奉行。

就像妙音菩萨

供养一切诸佛，

我也要随顺如此作观，

供养如来怙主和佛子圣众。

我以一切方式供养，

献给清净海众。

愿这悠扬的乐云

不断飘临他们面前。

以下的七种修行是顶礼。顶礼是松土整地，准备让菩提心的种子生根。第二十四至二十六颂中，寂天菩萨再一次献供自己来积聚福德。

我以大地微尘数的身体，

顶礼皈敬

三世一切诸佛、

正法和无上僧众。

我礼敬寺院

及一切护持菩提心的助缘——

传授戒律的方丈、一切饱学大师

及修习佛法的圣士。

直到证得无上正等菩提以前，

我生生世世都要皈依佛，

皈依法，

皈依菩萨众。

任何献供都可以扩大。举例来说，当我们观想给出我们最心爱的所有物，并非仅仅想象一本书或一件毛衣；我们将献供扩大为无量无边的书和毛衣。同样地，在第二十四颂中，寂天菩萨观想无量无边的自己的身体在顶礼。

这项修行有许多利益。首先，顶礼可以克服骄慢。Trungpa 仁波切曾说：因为我们有本初善，我们可为自己的谦卑而自豪。我们不必执著自己的成就或福德。我们有能力谦卑并礼敬智慧的化身，也礼敬努力使佛法流传至今的勇士。

其次，我们从顶礼中开发自身的觉醒。在极为开放而慈悲的人面前，我们可以发觉这样的特质在自己身上展开。一些值得尊敬的人或物，表面上看来和我们并非一体，却可以唤醒我们心中的清明和清新。为表示尊敬、爱和感谢，我们顶礼示现我们本初善的人。

其三，顶礼让人不再抗拒并舍弃根深蒂固的烦恼和习性。我们每一次敬礼，就好像献出了自己：我们的迷惑、我们欠缺爱的能力、我们的刚愎自用。我们好像张开双手说："以这样的姿势，我愿意承认自己囚困得有多严重，在广大慈悲的菩提心之前，我全数舍弃。我皈依觉醒的心，直至成佛。"带着这三种发心来顶礼，我们便准备好要体验菩提心了。

从第二十七颂至本品结束，寂天菩萨铺陈七种忏悔的修行，如 Trungpa 仁波切翻译的："将烦恼的罪过放一边。"每当我们后悔做了某件事，我们便对那件事给予全心而慈悲的正知；我们不再对自己和他人隐瞒错误，反而直截了当地宣告。我们对自己承认，就是不自欺。在某些情况下，我们也可以向他人宣告，让他人为我们明智的发心作证。

为了看清楚我们到底是在增强，还是减弱这些严重损害自己的习气，我们必须将它们摊在阳光下。如同晚上准备睡觉，如果独自一人，脱衣服很容易；但如果房中另有一人，我们的警觉性就会提高。这个人——无论是大怙主或朋友，只是聆听，并不评断或整治我们。这样，忏悔便充满自省，得以克服无明。

你可能要问了：“向自己悔过不就够了吗？”是的，这当然有用，但还不足以化解自欺。当我们向佛或另一人表示忏悔时，我们就骗不了自己了。我们邀请一位目击证人，自己揭露自己，就是自我慈悲、自我尊敬，从此我们不再背负羞愧的重担，反而能自在地重新做人。将“烦恼的罪过放一边”，能使我们无愧无疚地向前迈进。

忏悔的修行是超越愧疚和自欺的绝妙法门，它依靠这样的见地：虽然感觉烦恼牢不可破、固定不变，其实它们无实也无常；它们只是一股极强的能量，让我们错认为是坚实又永久的“我”。忏悔如同献供和顶礼，帮助我们放下“自己是谁”的牢不可破的窠臼。

当我们后悔做了某些事，我们不能无知无觉。我们可以用 Dzigar Kongtrul 仁波切所谓的“正向的悲伤”（positive sadness）来承认它，我们不是自责，而是在忏悔中开发坦率的柔软。于是自欺和愧疚的习惯便可能枯萎，这即是修习忏悔的重点。

我要合掌，
向十方诸佛菩萨
及大悲圣众，
如是祈白：

无始以来，
我生生世世在六道中轮回，

无明地生起恶念，
怂恿他人作恶。

我被无明所欺诳和宰制，
竟对如此恶行心生欢喜。
现在我看到这种罪过，
伟大的怙主啊！我至诚发露！

在这些偈颂中，寂天菩萨介绍了藏传佛教经教中“四力忏悔”的修行方法。这是四种放下烦恼的法门，它们是：一、以“正向的悲伤”来认识错误行为；二、依止本初的智慧；三、对治行动；四、尽可能不二过。

第二十七颂提出“依止”本初的智慧，在第二十八和二十九颂中，在大悲圣众无分别、无批判的智慧面前，寂天菩萨承认自己伤害了他人。在诚实以及对本初善的信任下，他承认自己的错误。

这种忏悔具有疗愈功效，是一种运用正向悲伤来认知的力量。当他说，无明地生起恶念，怂恿他人作恶，他是运用慈悲的自我省思，因而带来解脱。如同 Dzigar Kongtrul 仁波切所说：“我们可以向自己承认，由于无明，我们伤害了他人，却不会陷于‘我是坏人’(bad me)的情结而无法自拔。”

四力中第三力是“对治行动”或“反对的力量”，承认我们所做的恶业，与过去讲和，因此让我们超越压抑和愧疚。

对治行动的修行从古到今都有。举例来说，有一位美国越战退伍士兵曾杀害了许多无辜的人，他一直不能去除满怀的愧疚。越南的一行禅师（Thich Nhat Hanh）和他一起处理这种愧疚；在他来看，疗愈行动是再度回到越南，花时间帮助苦难中的人们。依着同样的精神，如果我们过去杀过动物，也许现在我们可以反过来保护它们。

另一个方式是“生命回顾”。我至少一年做一次，想象生命将尽。我尽可能真诚地回顾整个人生，尤其将注意力放在那些我希望未曾发生的事上。诚实承认这些错误，却不歧视自己。见到内心的智慧使我勇敢检视生命，我生起欢喜心；见到自己常常失败，我生起慈悲心。这样我就可以继续前进了。未来有着无限的可能性，如何塑造，操之在我。

寂天菩萨的对治行动是宣告：伟大的怙主啊！我至诚发露！他公开表达他的忏悔，便是一种疗愈和对治。

第四力是决心。在本品最后一颂，也就是第六十五颂中，寂天菩萨发誓尽力不重蹈覆辙，舍弃不必要的愧疚负担，向前迈进。

忏悔四力让我们与世间建立更开放的关系。我们可以将“自己基本上是坏的，但希望自己不是”的遗憾，转化为知道“自己基本上是良善的”，而不再继续掩藏我们的良善。

由于无明推动
身语意三业，
我违逆三宝、
父母或师长。

我要公开向天人师忏悔，

我这个罪人在恶行中

所造的恶业

及可怕的罪行。

“我”和“罪人”的翻译可能容易造成误导。佛法强调没有好、坏、不好不坏等固定实性。基本上，若在心上用对了法门，而且愿意用它们，我们就有能力随意转化。若视一切事物为坚实的观点和偏见导致了不智行动，我们可以超越它。我们也可以揭露自己本初的开放和良善。第三十和三十一颂中，寂天菩萨忏悔一切令他不能慈悲的事，却不怀愧疚感或觉得自己卑劣。

“罪”（sin）或“罪人”（sinner）至少有一个正向的意义，就是它们可以引起我们的注意，而且不容我们轻忽。我比较喜欢避免有文化意涵的字词，不致对佛教造成误解。Trungpa 仁波切将藏文 dikpa 译为“烦恼的罪过”，而非“罪”，作了一个心理学而非道德上的解读。“性本恶”这类的词对我们没有帮助，若不使用它们，我们更能开发出本有的力量和良善。

在我清净罪业之前，

死亡可能就会先到。

不论如何，为了解脱，

我祈求诸佛救护！

死魔的来临不可预知，

不管生命的任务是否完成，我们都不能永生不死。

不管我们生病或健康，
都不能信赖稍纵即逝的生命。

我们死时必须舍弃一切。
但因为我不了解，
不管是为了亲友或怨敌，
我都造作了种种罪业。

怨敌终将化为虚无，
亲友与我自己
也必将灰飞烟灭，
一切终归于空无。

第三十二至四十六颂，寂天菩萨引介了无常和死亡。用意是劝勉在一切还来得及的时候，我们需要自省。任何人都可能突然死亡，这促使我们用自我宽恕的心态来检视生命，于是死而无憾。

在第三十二颂中，寂天菩萨说我祈求诸佛救护，其他佛教祈祷文中也有“祈求你们的加持”。那么我们是从谁那里祈求协助和加持呢？我们如何能从不二的角度了解这件事？ Trungpa 仁波切解释说这并非某人来保护或加持我们，而是“但愿如此”，愿我被智慧的心保护并加持，但愿如此！

第三十四颂讨论了一个有争议性的话题：当我们的朋友和敌人都不在了，我们心上还带着正向或负向的业力；当我们贪爱或敌意的对象不复存在许久之后，我们的习气还留着。本质上，问题并不出在我们的朋友或敌人身上；问题出在我们和他们之间的关系，或我们和外在状况之间的关系。当我们陷入贪爱和敌意时，我们在加强什么习气？一个月、一年甚至五年以后，我们对这个世间的感觉又如何？我们会更愤怒，更贪爱，更恐惧，还是会发生一些转变？这完全看我们今天所强化的是怎样的习气。

寂天菩萨告诉我们，跟那些与我们一样稍纵即逝的人纠缠不清，是徒劳无功的。

我拥有并使用的一切，
都如梦一般短暂——
经验过后，都只能成为回忆，
谢尘往事都不能重现。

即使在短暂的此生，
许多亲友和仇敌都已经辞世了，
我因为他们而造的恶业，
却仍然痛苦地报应到我身上来。

我从来没想到
我的生命也是短暂的，
所以才会由于贪、嗔、痴，
造作许多恶业。

逝者如斯，日夜不停，

我的生命持续流逝。

一旦过去就不会再来——

我除了死亡，还有别的未来吗？

第三十六颂揭示了人生如梦似幻的本质，这是寂天菩萨首次提及如梦似幻的实相。我们被钩绊住时，只要记住这些字眼，都是强有力的依止，它们可以帮助我们摆脱情绪的纠缠，拓宽眼界。

这些偈颂指出我们经验中基本的空性。如果我们故意忽视死亡，我们可能会陷入寂天菩萨所形容的痛苦。只要对我们本身的经验有些许正知，我们便很容易体认到，生命正悄悄持续流逝。依据我的亲身体验，老去可以激励我们不再虚掷珍贵人身。

当我在病榻上气若游丝，

虽然我所爱的亲友皆环绕四周——

但是命终气绝，

却只有我一人感受。

当死魔的使者前来捉拿，

亲友又能帮得了什么呢？

只有此生所做的善业能帮助我，

唉！我却不屑一顾。

我们孤独死去，朋友、家庭、财富都不能改变这简单的事实。当我的孩子正值青少年时，我带他们去觐见第十六世大宝法王噶玛巴

(Karmapa)。因为孩子不是佛教徒，我请求尊者说一些不需佛法背景即能了解的开示。他一刻也没有迟疑地说："你会死。当你死时，什么都带不走，能带走的只有你内心的境界。"第四十一颂中，寂天菩萨重申此一重点，并生动地谈论死亡的可怖。

救怙主啊！我一直漫不经心，
想不到死亡竟然如此可怕——
为了维持这短暂无常的生命，
我竟然造作了许多恶业。

犹如死囚被遣赴刑场，
即将被五马分尸，
因为恐惧而表情异常，容貌大变：
他会口干舌燥、双眼凸出。

果真如此，内心为恐惧死亡的忧苦所折磨，
那种极端的痛苦难以形容。
命终时我看到恶魔，那死魔的使者，
以毫不留情的恐怖眼神看着我。

在这个当口，谁来保护我，
脱离这极大的恐怖呢？
我睁大充满恐惧的眼睛，
四处张望，焦急地寻找保护。

四周找不着援助或庇护，

我陷入愁苦，

一无所有、无助、无人保护——

那时我该怎么办呢？

寂天菩萨运用经教中的两种教学技巧，一种是赞扬发菩提心的美妙和利益，另一种是使用恐吓策略，将我们从烦恼的习气中松绑，把我们吓到不能不觉醒。

在西方，后者并不奏效。西方人不信任我们有本初善，往往会误解这样的讯息。重要的是，了解我们做的每件事都会招致后果，而且不一定都如我们的意。每天，我们或加强或减弱负面习气，但就如Trungpa仁波切所说的：“业不是惩罚，它是一桩果报，我们暂时被困于其中。如果我们跟随正道，便可消除。”

死亡真的很吓人，但也给我们一个证悟的良机，全视我们在有生之年培育了什么。在准备死亡时，若已然熟悉菩提心及无条件的心灵开放，将很有帮助。

在菩提心的训练中，我们学到用我们经历过的痛苦和恐惧，打开心灵感受他人的苦难。这样，个人的苦难便不会让我们窒息，反而成为迈向更广大领域的踏脚石。在有生之年这样训练自己，死亡时便可唤醒慈悲心，即使生理不适、呼吸困难或是心中充满恐惧。

认识心的本质，便是对死亡所做的最佳准备。我在观察他人的死亡之后，发现死亡可作为觉醒的强大依止。每件事物都在崩解：我们的身体在崩解，我们认识实相的方式在崩解，我们执著的每件事物都开始消融。我们生时学来能够放下的能力，这时自自然然生起；这是我们一直想要做到的，如今它居然自行发生了。

生前学习在空性中放松的人，死亡就是解脱。但如果我们一直努力执著这短暂无常的生命，临死之际就会非常害怕。死亡是我们总想避免的终极未知，是我们一直努力逃避的终极空性。但如果我们能学会在不确定和不安全感中感到自在，那么我们临终之时内心就会涌现喜悦。

如果我虚度一生向外找寻协助——整容、遍寻治疗方法、毒瘾等等——死时就会找寻这类外在的事物。当我们睁大充满恐惧的眼睛，会发现惯性反应一点帮助也没有，但为时已晚。这是寂天菩萨严肃的告诫。

我们必须问自己："我到底皈依什么？"当我感到害怕、不悦或寂寞，我究竟皈依什么？寂天菩萨指出，若皈依不可思议的菩提心，临终时必有所得。

所以从今天起，我要皈依佛——
轮回众生的保护者，
他利益一切众生，
他消除所有恐惧。

我也要皈依法——佛所亲证的真理，
它能解除轮回的一切恐怖；
我也要全心全意皈依
海会菩萨众。

如果我们皈依的对象是觉醒的心——勇敢而无限，而不是皈依似有而实无的事物，便能在我们最需要的时刻，消除所有恐惧。

为了消除内心的恐惧战栗，
我要皈敬普贤菩萨；
我也要皈敬
妙吉祥文殊师利菩萨。

我要从深沉的痛苦中大力呼求
大慈大悲的观音菩萨：
啊！我的怙主！
快来保护我这个罪人！

我也虔诚祈请
虚空藏菩萨、地藏王菩萨，
一切大智大悲的慈怙者，
我皈依你们。

我也要皈依金刚持菩萨，
一切如死魔使者等危难，
见了他都会四散溃逃；
我在此祈求皈依与庇护。

我从前违背你们的教诲，

如今见到四周满是恐怖。

我真诚皈依你们，

祈请你们迅速消除我的恐惧。

第五十三颂中，寂天菩萨指出他从前不了解因果运作，因此一直加强负面的习气。如今他明白他自己就是创造未来或乐或苦的主因，因此奋起效法此处所提到的大菩萨，依教奉行。这样，他们便会一直伴着他，保护他免于恐惧。

如果受到普通疾病的警告，

我都要遵照医嘱治疗；

那么长期受贪嗔等无数烦恼所苦的我，

就更应该依教奉行了。

单是贪嗔等任何一种烦恼，

就足以毁灭这个世界的所有人类。

治愈这些烦恼的药方，

在其他地方都遍寻不着；

只有大医王佛陀所说的圣教，

能将一切恶业和痛苦连根拔除。

若有人明知有益却充耳不闻，

那真是太愚痴、悲惨、可怜了。

这是佛教教义中十分习见的类比：我们苦于疾病，佛陀是主治医生，大师们是诊断医师，圣教是药。我们必须按指示服药，药性才能发挥作用，不能只念诵处方。我们必须遵照医嘱治疗，疾病才能痊愈。

当人们发现自己或所爱的人得了可怕的疾病，他们会不顾一切寻找治愈的方法，这不但帮助了病人，也帮助了其他病友。然而此处指的是我们都罹患了同样的疾病——艾滋病或癌症虽然影响了数百万计的人，但无明和只顾自己的心态却是每一个人的病症。若从大医王处取得处方，却不肯试一下——连一两年都不愿试，不只是痴，简直是太愚痴、悲惨、可怜了。

若遇到普通的小小险崖，
我都还要小心前进；
何况面临会令人坠落的
万丈深渊呢？

万丈深渊指不断趋乐避苦的生死轮回心态。寂天菩萨问，如果我们能对普通的小小险崖如此专注而正知，为什么不能同样地提防危险的轮回深渊？我们无数世堕入深渊，让我们终于明智起来，不再堕入。如果什么时候我们又掉了下去，我们要顿时警觉，迅即爬出。这是此处的讯息。

“至少我今天不会死。”

我这样无知地哄骗自己！
有生必有死，我的崩坏与死期
迟早会来临。

为什么我还一无恐惧呢？
我还有什么出路呢？
死亡，我的死亡，一定会来，
我怎能安逸度日呢？

无论修行与否，死亡都会来临，我怎能安逸度日呢？事实上，如果我们经常应用忏悔四力，我们便可以放轻松。若我们检视以往发生过的，将一切开诚布公，便可以放松自在了。在死亡时放下一切，诚实检视过去和现在，我们便可以在清明的意识下死去。

在历历现前的生命回忆中，
还留下什么、剩下什么呢？
我因执著此时此地不复存在的事物，
而违背师长的戒律。

纵使我们不能保有一切，我们最强烈的习气还是执著。虽然它一点用也没有，我们还是花费很多精力去抓紧捉摸不定、无常易逝的事物。

在当下，过去什么也没留下，留下的只是记忆：我们对美好时光的怀念，对苦难岁月的恐惧。我们可以不再被怀旧和恐惧所钩绊，认知这些习气，并质问自己：继续用短暂无常的事物来伤害自己，智慧究竟在哪里？

今生的寿命和生命中的一切，
所有亲友都将舍离！
我必须离开他们，独自出发，
那么为什么要分别敌与友呢？

我们分别敌与友的基准在哪里？朋友很可能是引起情绪动乱和负面习气的原因，仇敌却往往可以大大利益我们。当有人伤害我们的时候，我们会因此而增长智慧；当事物崩解时，这法教往往带给我们至深的洞察力。在觉醒的过程中，“亲友”和“仇敌”不过是一般的概念，很难说谁会帮助我们或谁会障碍我们。

因此，我如何确定自己能够灭除恶业，
这忧悲苦恼唯一的因缘呢？
我应专心一致只关切这一件事，
日夜不停地寻求解决之道。

因此，我由于无明痴暗，
所造作的一切恶业，
如果不是本性即恶，
就是违犯戒律。

了知痛苦即将来到，
我恭敬合掌，再三礼拜，
直接在诸佛面前，
忏悔一切业障。

我祈请世界的导师和护主，
接纳我这身负罪业的人。
既然这些都是不善的业行，
从今以后，我一定不再重蹈覆辙。

寂天菩萨以忏悔四力和誓愿脱苦的热情作结。

纵使知道未来的果报多不圆满，抗拒习气的诱惑还是极端困难的。习气不合逻辑地向我们展示它可以带来安乐，于是我们继续执著于它。若要脱离不可避免的痛苦，我们必须当下就知道我们何以一再被钩绊？Dzigar Kongtrul 仁波切称此过程为“对生死轮回心碎”，Trungpa 仁波切称之为“对生死轮回厌离”（Nausea with samsara），对我们一再做出不智冲动的习气觉得反感。

西方人对这一点是需要费点心思的，因为我们不习惯将自己的短处视为人性的一部分，而将它看成是没有价值的。然而，忏悔四力看重的是实用的智慧，让我们慈悲地面对这事实，更有智慧地争取我们的最大利益。

了知痛苦即将来到，让我们强烈地想拒退嗔害的冲动。在第五和第六品，寂天菩萨会详细讲述如何创意地处理旧有习气的引诱。但首先，我们必须智慧而慈悲地承认我们被钩绊住了。

因此，在祈请世界的导师和护主之前，寂天菩萨无所保留。觉醒之心激励着他，他摊开他从前所有的行为，祈请接纳他这身负恶业的人。承认过去现在的一切行为之后，他全心全意发愿，不再被瘾头和惯性反应的虚妄性所欺骗。只要清除了过去的业力习气，本初的清明便会浮现。

第三品　发心受持

《入菩萨行》的第三品是打下菩提心基础的最后一品。在此，寂天菩萨以最后四种献供来总结七支献供：随喜功德、请转法轮、请佛住世、悉皆回向。

在我们情绪关闭又无法与人产生联结感时，随喜他人的福报是一种有助益的修行。

随喜产生善意。当你走出户外，或许可以尝试下列的修行：将注意力转向他人——坐在车里的人、走在人行道上的人、打手机的人——仅仅祝愿他们全体快乐安好。虽然你对他们的事一点也不清楚，他们却可以变得非常真实。你一一祝福他们，并为他们所获得的舒适和快乐感到欣喜。我们每个人都有这么一个柔软地带，具有爱与温柔的能力，但如果不加以鼓励，我们可能会一直心怀妒意。

我有一位朋友，一旦觉得沮丧、退缩时，就会到附近公园，对经过他身边的每一个人从事此种修行，如此他便能在身陷低潮之前将自己抽拔出来。要特别注意的是，一定要离开房子，走到户外，不向消沉幽暗的引诱弃械投降。

一旦开始随喜他人的福报，你将遇见自己的柔软地带，以及你的好强和嫉妒。坐在公园长椅上，对过往的陌生人感到温暖亲近比较容易；但是当福报降临到我们认识更深的人，尤其是我们不喜欢的人时，这可以给我们机会近距离检视自己的嫉妒心。

我就是这样。在我开始修习随喜之前，一点也不知道自己多会嫉妒。我记得一位同事所著的书迅速成为畅销书时，我的立即反应居然是怨恨，这叫我痛心。同样地，当我修习布施之后，我对自己想要保有而不想给人的心看得更清楚；修习安忍之后，我更难否认自己的愤怒。走在修行道上的人，一旦看到自己这些心绪，可能颇感尴尬。

谁会想到修习随喜，居然会让我们产生烦恼？我们寻常的反应是：我们失败了！可对发心的菩萨就完全不是这么回事，因为我们要觉醒，并协助他人也达到此一境地；我们看到自己被困住的地方，会跟看到自己的慈心一样欢喜。

这是真正生起慈悲心的唯一方法，是我们了解他人状况的机会。他人也像我们一样，发心开放心灵，却只看到自己封闭的地方；也像我们一样，有能力喜悦，但却被无明遮蔽。为了自己和他人，我们就放下编造的情节吧！跟开放的心同在，我们就可以随喜自己，居然愿意选择这样一个清晰的替代方案。

我满怀喜悦礼赞，

能解脱一切众生的善行，

让他们免于恶趣苦，

获得善趣。

为了介绍随喜，寂天菩萨对众生在三界轮回中可以由下提升至上，表示了他的欢喜。依据经教，三界众生投生处所分为六道，下三道为恶趣。如第一颂所述，他们的痛苦非常剧烈，即使如梦似幻、无常变换，看起来仍然如永世受苦、无可遁逃。上三道是善趣，包括人道，在此，痛苦远较恶趣为少，因此比较可能自三界轮回中解脱。

不管六道是真实存在的处所还是心理状态，均非重点所在。无论何者为真，完全是我们的内心状态决定我们会痛苦还是会快乐。幸运的是，我们天生有从痴惑中解脱出来的能力。

我们可能会好奇，什么善行使我们的处境从多苦变成少苦？根据佛陀的法教，一旦我们明白业的时刻，多苦便会转为少苦。当我们完全接受自己的身行、语行、意行会造成愉悦或不愉悦的后果，我们便希望以自利而非自害的方式来行动、说话和思考。

我有一位佛友，是加州圣昆丁监狱（California State Prison at San Quentin）的犯人。有一天他被警卫欺负，但他并未报复。另一位狱友目睹此景，便问他何以能保持冷静？他回答说，如果他让警卫更加生气，警卫回家可能会揍孩子。这是寂天菩萨在第一段所指的既道德又慈悲的智慧。

我随喜一切善行，它们是开悟的因。

我也随喜一切众生，从轮回的痛苦中解脱。

我随喜诸佛所现证的无上菩提，

及菩萨圣众修集的十地果德。

第二颂中，寂天菩萨随喜开悟的可能性，及阿罗汉个人解脱的体验。众生从轮回的痛苦中解脱，将是怎样的快乐！解脱是可能的，已有圣者典范证明了这一点，有为者亦若是。寂天菩萨随喜阿罗汉和我们自己证悟的潜力。第三颂中，他随喜圆证的诸佛以及分证的菩萨圣众，他们为本身和众生的利益而获得解脱，是多么殊胜！

> 愿菩提心能令一切众生获得安乐，
> 是大善之海；
> 行菩提心利益一切众生，
> 这是我的欢欣和喜悦。

大善之海指的是初发菩提心。一旦“为了利益他人而觉醒”的发心成为我们的指导原则，就是情绪动乱也不会让我们迷路。有明确决心的人像山岳，纵使天气骤变，他仍然稳定。记着这一点很重要，而且别以为一定要等风雨停息，才能继续向前迈进。

寂天菩萨还随喜希愿一切众生获得安乐的人，也随喜仅仅瞥见这种广大发心，便决意训练自己的人。同样地，他也随喜积极利益一切众生，减轻众生痛苦的人。

一切众生听起来广大得不合情理，但这只是一种向外看世间的方法，看看有没有任何我们痛恨、害怕、不能不怨恨的人。“包括一切众生”的观念挑战着我们惯常的习性，我们老是选择我们喜欢谁、不喜欢谁，希望谁成功、谁失败，这种旧习气是死硬派。所以，虽已发心利益一切众生，无一遗漏，我们还是得一步一步来练习。

我读过一系列文章，提到一位女士的主要修行是不再怨恨政治领袖。到第三十五天，她报告："没做得很好，但仍没有陷落。"这正是菩萨精神，容许自己有充足的时间让转变渐进发生，如此便不会因过程缓慢而灰心丧气。嫉妒和好强是我们想尽办法要否认的负面情绪，如能对它们加强无偏见的觉知，随喜的修行就成功了！

因此，我合掌祈请
十方诸佛：
请为深陷惑业苦的众生，
燃起正法的明灯！

此处寂天菩萨提出了第五支献供：祈请老师澄清我们对佛法的理解，也就是请智者照亮我们的痴暗，克服"邪见"——诸如相信人性本恶，或者业是外在力量加诸于我们的惩罚，等等。

我合掌祈请
大愿救度众生远离忧苦的诸佛：
请长久住世，
不要让我们沉沦在无明中！

第六颂中，寂天菩萨介绍了第六支献供：请老师住世，不入涅槃。如果缺少这些智慧的典范，我们确实难以开发自己的潜力。

我们一直有着智慧和慈悲，然而，若没有一些典范示现出我们可能达到的境地，我们很难发掘自己内在的力量。伟大的老师经常引导我们瞥见广大的心性，如果他们住世，我们就有活生生的典范，来提醒自己确实拥有智慧。因此经教上说，这项修行可以克服永堕无明痴惑中的恐惧。

愿我以上述观行
所积聚的功德，
令一切有情的种种痛苦
彻底摧毁！

在此，寂天菩萨提出了最后一项修行：悉皆回向的修行，以降伏自我中心。我们不再蓄积福报，反而布施出去——给各处特定的人或有情众生。我们发心，令一切有情的种种痛苦彻底摧毁，而从事这项修行。

西方佛教徒对功德这个词有点难以接受。若说德行会让我们未来一切顺利，对某些人并不具说服力。有些人可能会比较接受Trungpa仁波切有关究竟层次的见地。他说："放下我们的一切，才能积聚福德。"这不能用做生意的心态来达成，也不像是将钱存入储蓄账户，以备不时之需。唯有放下，方能获得福报。

以这个观点来看，功德回向就是完全放弃，抱着"发生什么就是什么"的心态。如果享乐比较好，我就享乐；如果受苦比较好，我就受苦。我们不蓄积任何让自我执著的事物，这跟一般观念刚好相左。

第八、九、十颂，将功德回向给特定发心的对象。首先，寂天菩萨回向给病人。譬如你关爱的人生了病，痛苦不堪，你会放弃一切心爱之物，希望你的牺牲能利益他们，你可以用类似寂天菩萨的话语来表达你的发心。

世间所有生病的众生，
在完全痊愈以前，
我愿做他们的
医生、护士和药物！

我愿普降饮食如雨之倾注，
解除众生饥渴的病！
在饥馑的荒劫，
愿我化作饮食！

第八颂中，他举出三个菩萨会怎样示现的例子：医生、护士、药物。他的用意是不但帮助生理上有病的人，还帮助为贪、嗔、痴所病苦的人。因此，他希求用物质——如药物、饮食——来帮助人们，以及用更深层的精神滋养为人们带来利益。重点是不要怕最后自己一无所获而退缩。

对于贫困匮乏的有情，
愿我化为取之不尽的宝藏！
在他们伸手可及之处，
化现各种各类的资生用品。

在此，寂天菩萨同时在物质和精神层面，将功德回向给贫困匮乏的有情。菩萨可以化现为宝藏、庇护所、护士，或者任何减轻痛苦、扩大视野的事物。

在印度佛教大师那洛巴（Naropa）的故事中，他的老师帝洛巴（Tilopa）化现为身上长满蛆的狗。那洛巴觉得恶心，想越过那可怜的小家伙，然后一走了之。结果那狗很快恢复帝洛巴的模样，对他说："如果你会对有情众生产生反感，你怎么还能期望自己从生死轮回中觉醒？"任何唤醒我们慈悲和智慧的事物，都是菩萨。

> 我毫不吝惜地布施我的身体、
> 种种受用的财物，
> 以及三世所修集的一切善根福德，
> 来成办有情众生的一切利益。

这是寂天菩萨教导我们如何开发令人振奋的布施之心：这可以克服我们的执著，和只顾自己的"我想要、我需要"。令我们可以放弃一切"我"、"我的"。

求道的旅程需要脱落，而非蓄积。它是不断开放和舍弃的过程，好似脱下一层又一层的衣服，直到全裸，无所隐藏。但我们不能假装表演脱衣，等到没人看时，又全部穿回去。舍弃必须是真实的舍弃。

那洛巴被帝洛巴训练多年之后，也开始教学生了，其中最有名的是西藏翻译家玛尔巴（Marpa）大师。玛尔巴去印度追随那洛巴修学，学习结束时他献给老师大量的金沙，作为临别的赠礼。但那洛巴知道他私下保留了一些作为回程的盘缠，便命令玛尔巴全数交出。他说："你以为你可以用欺瞒来买我的法教吗？”玛尔巴心不甘情不愿地交出了金沙，那洛巴却很随便地往空中扔去。

玛尔巴一时震惊，简直难以置信，同时也大大地打开了心灵。他终于变成了空器，可以毫无保留地接受那洛巴的法教了。在这之前，“我最重要”的心态障碍了他，以致不能放弃一切。

此颂中，寂天菩萨发愿舍弃三种“我最重要”心态的来源：对财物、身体、功德的执著。执著的藏语为 shenpa，Dzigar Kongtrul 仁波切形容这是情绪背后的“能量”：“我喜欢、我不喜欢”背后的能量，“我最重要”背后的能量。

shenpa 是“被钩绊”的感觉，一种说不出的紧缩或关闭。假设你在跟一个人讲话，突然，你看到他紧闭颚骨，人变得僵硬，眼光无神，你看到的就是 shenpa。这是内心拉锯战的外显，嗔或贪最细微的形式。我们可以在彼此身上看到；更重要的是，我们可以感觉到自己身上有这种能量。

我们拥有的物品一直令我们生起 shenpa：我们害怕失去它们、打破它们，老是觉得不够多。这和物品本身并没有必然的关系，而是想要它们或害怕它们被拿走等心态背后的能量。这样被钩绊其实完全没有道理可言，好像物品本身能提供安全感和永久幸福似的。尽管如此，shenpa 还是一再生起。它是当我们希望事情能如我们所愿时生起的粘黏感觉。

我们的身体也会招来 shenpa，然后以不同方式表现出来。这是由我们对健康、容貌、避苦的渴望所引起的焦虑感觉。就我个人而言，虽然我诚挚发心减轻他人的痛苦，但一点点小恙都会让我的愿望泄了气。譬如说，我会因为怕被刺到，而犹豫要不要解救困在玫瑰丛中的小鸟。

身体是抵达成佛境地的珍贵船筏，但我们如果把所有时间都花在油漆甲板上，我们便会错过许多机会，永远无法离开港口。更何况，我们的身体亦如万事万物，无常，会死亡，也会败坏。该是如实视之，不再增长 shenpa 的时候了。

Patrul 仁波切认为，最容易放下的是财物——而我们已经知道放下财物有多难了。他说放对身体的执著更不容易，但最困难的还是放下功德。你能想象自愿放弃你一切的福报吗？你能放弃愉悦的环境、所有的享受和特权，好让他人快乐吗？

你可能以为由贪着功德所引起的 shenpa，会比对财物和身体的执著容易放下。佛教修行人经常伪装自己已经放下功德，但放下功德是最深刻、最困难的。甚至连我们对于安全感的执著，我们对于实有万物的妄想也要放下。放弃功德等同脱落一切，这是最究竟的“零 shenpa”的法门。

> 涅槃是唯有舍弃一切才能证得的，
> 涅槃是我努力以赴的目标。
> 因此一切都要舍弃，
> 最好一切都布施众生。

寂天菩萨用以下的语言来总结第十一颂的重点：如果我们想要解脱，便需要放弃一切，不要因为担心天有不测风云，而有所蓄积。这可能是我们所听闻过最困难的教诲了。

我已放下这个身体，
布施给众生以得安乐。
就随他们打杀责骂，
想怎样就怎样吧！

尽管众生把我的身体当玩具，
或百般讥讽，
我这个身体既已布施给他们了——
就不必再去珍惜保护。

初读这些颂文令我大惊失色，我没想过要走到这样极端的地步，我也不觉得这样做是有智慧的。以西方的观点来看，这恰好是我们文化中普遍存在的自我憎恶的概念。但我知道寂天菩萨发心一直支持、鼓励我们，于是我检视自己过去生起过的嗔心，终于发现了他话语中的智慧。

于是我明白，这是美国民权运动者所用的方法。他们非但为了利益非裔美国人，也为了利益压迫他们的人，自愿将身体和情感置于火线。他们为了更崇高的目标，愿意进入虎口，受到讥讽还算是最起码的侮辱；他们知道自己会被打、被辱，甚至被杀。这是菩萨智慧和勇气的例证。但他们只是普通人——已经生起菩提心的普通人。

这段颂文形容很多知名的菩萨愿意经历的过程：像是纳尔逊·曼德拉、特蕾莎修女、昂山素姬和甘地。它也形容不可胜数男的或女的无名英雄的勇气。

因此让众生对我为所欲为，
只要不伤害他们自己。
愿众生与我相遇时，
都能获得利益！

当有人打骂或讥讽我们，他们就不是在培养健康的习气了。以菩萨的观点来看，他们伤害自己远甚于伤害我们。因此，寂天菩萨说有情众生可以对他为所欲为，只要不伤害自己。

如果我们可以保持这样远大的视野，那么，希望迫害我们的人别再给自己制造痛苦，便不会那么难了。这种法门需要学习，但是如果我们这样努力，便是为众生的未来撒下快乐的种子。

如果有人因见到我
而生起一念憎恨或敬信，
愿那一念
成为他们成办一切利益的导因！

当面贬毁我的人，
或以其他方式伤害我的人，
甚至怪罪或侮辱我的人，
愿他们都得到成就无上菩提的福分！

他人对待我们——无论在思惟上或行为上——即使来者不善，仍可以创造我们之间的善缘，带给我们现世和未来的利益。

我念到第十七颂时，想起寂天菩萨在那烂陀的听众，他们原先是想羞辱他的，但至此他们或许已折服。现在，他间接地告诉他们："无论你原意为何，愿它为你成佛的因缘！"这是当下宽恕的一种表现。除了宽恕，他还祝愿他们安好——成佛之后的究竟安好。

对无人保护者，我愿充当守护者；
对行路的旅人，我愿充当向导；
对渡越江海的人，
我愿充当舟楫、船筏和桥梁！

我愿化为岛屿，供希望停靠者栖泊；
我愿化为明灯，照亮盼望光明的人；
我愿化为床榻，供身心疲惫者休息；
我愿化为奴仆，事奉需要服务的人。

我愿化为如意宝、富足瓶、
明咒和灵药；
愿我化为奇迹树，
和供养众生丰饶乳汁的母牛。

第十八至二十颂，寂天菩萨进一步发心。他发愿以任何形式利益有情众生。事实上，你永远无法得知菩萨在你生命中会以何种形式示现。

摩门教徒在犹他州安顿下来之后，首季作物遭了蝗害。他们为此祈祷时，数以千计的海鸥居然飞来，吃光了蝗虫：这岂非海鸥菩萨前来拯救行将饿毙的人们？

岛的意象代表安全的休息之处。我们可以为一位沮丧或需要帮助鼓励的朋友提供一座岛屿，我们可以带他去喝杯咖啡或散个步，为他打气。我们用这些简单的方法，将自己变成一座岛屿，人们得以在此放松，并找回力气继续前进。

作为奴仆，是指只要帮得上的忙就去做。在甘波修道院，我接受僧伽训练，其中一部分就是彼此服务，却不带骄慢和抱怨。如意宝、富足瓶是举例说明既轻松又丰盛地提供众生所需。

以下的十四颂是“菩萨愿”。一代又一代的菩萨每日重复这些话语，维持救度众生的发心。

犹如只要虚空持续存在，
地球和四大便持续存在；
只要无边众生持续存在，
我愿做他们的大地和生命要素！

尽虚空际的
一切众生，
愿我提供滋长他们生命的要素，
直到他们超脱一切忧苦烦恼。

寂天菩萨毫不犹豫，决心进入菩萨道。他一开始先发愿为一切众生提供生活的要素，直至成佛。

以下两段偈颂是菩萨愿的心要，只消念诵三次，便等于在任何时候提醒自己的决心。事实上，我们是发愿永远接受在职训练。

犹如过去一切诸佛，
发起愿菩提心，
再按部就班安住和修学
菩萨学处。

现在为了利益众生，
我也要发起愿菩提心，
再按部就班安住和修学
菩萨学处。

在此，按部就班非常重要。即使是圆满觉醒的佛，也是次第循序渐进的，我们要追随他们，将他们作为典范。既然菩提愿很容易因一句恶言或一闪而过的愤怒而破功，我们最好对自己有耐心，放弃一定要如何的想法。我们可以一而再、再而三地开放心灵，让我们的发心重新恢复鲜活。我每天早晨下床前，都要将此颂文念诵三次，然后开始这一天。

菩提愿的努力有三方面：我们受持的决心，可以分为国王或王后、摆渡人、牧羊人三种心态。这三种意象代表以我们现有的能力，循序渐进地向前进。

在国王或王后的层次，我们先修自心。虽然我们明确的发心是利益他人，但我们首先必须明白自觉才能觉他。从事服务助人的行业就会知道，生起不耐烦或反感有多容易。很显然，我们一定得将内在秩序整顿好，才谈得上助人。

第二层是摆渡人的发心。我们与一切众生都同在一条船上，一同渡河。这譬喻有“跟我一样”（just like me）的感觉。跟我一样，一切众生都以他们自己为生活故事的主角。跟我一样，他们被贪和嗔、希望和恐惧所奴役，无人愿遭受生理和心理的痛苦。跟我一样，我们都想要安全，免于恐惧。

以此为菩提心训练的基础，让我们得以探伸出去，走出自我中心。将我们心中生起的沮丧和怨恨，作为了解他人黑暗内心的踏脚石。失眠、牙痛、烫伤、罹癌，也不会令我们退回自己的小小世界，反而成为我们同理心和慈悲心的基础。

身处顺境时，这种方法也很有效。当我们感到自在快乐时，我们想起他人也会喜欢这样的心境。他们也喜欢感觉适意，与自己和世界相处自在。愿我们所有众生都自在快乐，愿我们都得以体验心的清明和清新。

下一个意象是牧羊人，代表我们一般所认为的“真正”的慈悲心。正如牧羊人将羊群的福祉看得比自己还重要，我们发愿将他人放在自己之上。这是大多数人认为自己应该实行的菩萨愿心，但实际上没有多少人自认做得到。当然，我们都有机会将他人放在自己之上：我们在公车上让座给长者；朋友烦心，我们陪他整晚。父母更是如此，他们甚至会冲进车流中将学步小孩带到安全岛上。但如果将这些当作我们唯一能做的事，绝对是误导。相反的，我们可以自国王或王后、摆渡人、牧羊人这三种层次择一前进。

欲唤醒菩提心，我们可以从脚下开始，并一步一步迈进。

为了使众生能够发起并持续增长
这最清净无染的菩提心，
有智慧的人在受持菩提心之后，
应该以如下赞歌高度颂扬：

今天，我的生命已经结了果，
现在获得了暇满人身。
今天，我投生于佛族，
已经成为诸佛的子嗣和传人。

寂天菩萨诵毕两偈重要颂文之后，他十分欣喜。以他的观点来看，我们一旦下定决心开始从事心的训练，我们就已经是菩萨了。这样的观点令人鼓舞。某些学派认为，不到某个阶段就还不是菩萨，但寂天菩萨说，发了愿便是诸佛的子嗣与传人，何况我们还有此论作为训练指南呢！

所以，我的所作所为，
都要合乎佛子的身份。
绝不再做出恶行，
染污这高尚无垢的传承。

我像一个盲人从垃圾堆里，
找到了贵重的珠宝。

同样地，我是多么幸运，

能生起这样珍贵的菩提心！

就在我们污秽的情绪之中，发现了贵重的珠宝；在痴惑和情绪反应之中，我们发现了菩提心至宝。最负面的情绪可以为慈悲心奠基。举例来说，当我们被某个“敌人”触怒，我们可以接纳那负面情绪，而希望人人都从敌对意识中解脱，包括我们的敌人。无论任何情绪生起，我们都可以发现觉醒之心的温柔地带。

第二十九至三十三颂中，寂天菩萨另讲了八个菩提心的例子：最胜甘露，不但能灭除死亡，更重要的，能灭除二元思考；无尽宝藏，乃不二、非戏论的觉知，可以疗愈无明的贫乏；最胜医药，能治愈我们的负面情绪；如意树，应许我们一切精神的愿求；普遍的舟乘，从恶趣安全地接引我们；慈悲的满月，璀璨的日光，遍照黑暗；甘美的醍醐，代表我们觉醒之心的丰美。

这是消灭死魔的

最胜甘露，

这是疗愈众生匮乏的

无尽宝藏。

这是最胜医药，

能疗除一切沉疴；

这是如意树，

供六道轮回中的疲惫众生歇息。

这是救度轮回众生
脱离恶趣的普世舟乘；
这菩提心的初升明月，
能消除烦恼障所生出的热恼。

这是光热无比的太阳，
能驱除轮回众生的烦恼和无明；
它是丰醇滋补的醍醐，
由圣教所提炼。

寂天菩萨在以下的颂文中，以上求佛道、下化众生的决心总结本品。

有情众生！漂泊于六道的旅人，
想要品尝快乐的人们，
在你眼前就是无上妙乐——
永无止境的漂泊者，你的圆满就在此处！

我可以想象寂天菩萨从座上起身，热情地说："来呀！来呀！请别对我的话充耳不闻。这是你的机会，请把握啊！"我们的成就近在咫尺；我们可以用每一身行、语行、意行唤醒菩提心。我们有超乎自己所能受用的丰富法教，助我们找到近在眼前的无上妙乐。

在一切怙主之前，

我召唤一切众生走上成佛之路——

在那一天来临之前，愿众生能拥有一切世间安乐！

愿天龙八部的众生都能欣然随喜！

寂天菩萨在最后一行劝勉我们实现与生俱来的权利。在那之前，他希愿我们得到世间一切安乐：也就是在我们证道的旅途上，一切可以让我们放松并享受的有利条件。

第四品　守护正知

生起觉醒的心，即生发上求佛道的希求，同时也是明确地想要止息世间众生日益增长的痛苦。大多数人不怎么在意开悟这件事，但我们大部分人都希望置身于更理想的世间，也想从烦恼习气和心理痛苦中超脱，这是唤醒菩提心理想的心态。我们知道我们想使世间更加美好，也知道要做好这件事，需要更多智慧。这是最好的下手处。

我们若决心追求这个目标，就跟寂天菩萨站在同一阵线了。他和我们一样，必须处理狂野的心、强烈的情绪和顽固的习性。他也和我们一样，如实运用他所拥有的生命，睿智地处理他对世间的习气反应。心向往之，即是“愿菩提心”，有时我们虽仍不免引起他人痛苦，然而我们厘清痴惑、服务他人的发心无所动摇。

《入菩萨行》第一至三品中，寂天菩萨与我们分享他发心以“上求佛道、下化众生”为第一要务。在接下来的三品中，他将提出方法，令菩提心的热情不致减退。

这是十分重要的议题。年轻的时候，我们对周遭世界充满好奇，自然有活力激发我们去学习。同时，我们也害怕自己会像某些年龄较长的人一样，变得冥顽不灵、心灵封闭、失去冒险精神。

这是实情。有些人年岁渐增之后，便花上更多时间追求舒适与安全，但是寂天菩萨热情地决心保持年轻的好奇心。他发心不断延展他的心，超越既有的立场和偏见。他一心要柔软随顺，在精进努力中成长，不要困在茧里。

菩萨道并非做一个“好”人并接受现状。它需要勇气和不断成长的意愿。

寂天菩萨在第四品中，提出两项保持热情鲜活的重要议题。其一是正知（attentiveness），其二是善巧处理情绪。本品的藏语标题为pag-yü，有多种译法。本论的英译本译为“觉知”（awareness），也有译为“审慎”（conscientiousness）、“警觉”（heedfulness）和“留意”（carefulness）的。我觉得最传神的首推“正知”，以充满智慧的觉知，注意当下。经教中的譬喻是如临深渊：我们充满正知，并清楚知悉不小心失了神的后果。

正知是自省的要素。如果感觉shenpa在拉锯时，我们能加以注意，便会更有智慧，不被钩绊。

寂天菩萨在以下的颂文中，列举了应该正知的五个时机：菩提心生起时，决心受持前，决心受持后，有关业力因果或行为后果时，最后则是被烦恼（kleshas）引诱时。

梵语klesha指必然导致痛苦的强烈情绪，有时译为“烦恼”（neurosis），本论的英译本译为“苦恼”（afflictions）和“杂染的情绪”（defiled emotions）。在本质上，烦恼是一种动态而非言语所能描述的能量，也是牵着我们的鼻子走，让我们言行欠缺智慧的能量。

烦恼与一种细微的张力一并生起，而这种张力是本于二元对立的概念。我们若掌握不了这样的张力，一连串“认同”、“不认同”的连锁反应就开始了。这些反应迅即升高，发展为嗔害、贪爱、愚痴、嫉妒、羡慕和傲慢；换句话说，会发展为自己和他人的苦难。烦恼依于无明而存在。无明即无知于烦恼并无实体，也无知于我们如何强化它们。烦恼又因散漫的念头而得到补给。我们可借由正知来减弱其力量，这是第四品的主题。

第一颂中，寂天菩萨开始讲述五种应用正知的时刻。

菩萨身为佛子，

已坚定受持菩提心，

就不应忘失

要努力修学。

一旦菩提心已经生起——而且我们也知道，若不留心呵护它便会减弱——我们就运用正知来努力修学。这尤指六波罗蜜而言，寂天菩萨将在后面详述。

若一开始不十分留心，

也未经缜密考量，

即使已承诺或发愿，

也可以考虑继续向前或后退。

在决心受持之前，我们应从各个角度思惟，并正知可能的后果。

若我们盲目进入某种情况，最好迟疑一下，并反问自己："我应该继续前进，还是抽身后退？"然而，既已明智思惟过我们的决定，为何还会有疑惑呢？最聪明的办法是凡事考虑周详，做出抉择，之后便不再回首顾望。

> 但诸佛和佛子，
> 已经以广大智慧思惟它；
> 我自己也已一再衡量它，
> 我现在怎会怀疑犹豫呢？

在行动之前必须有所正知，不仅是对初学者的忠告，连佛、菩萨下决心之前也需要正知。寂天菩萨自己就权衡了一下是否要发菩萨愿。一旦权衡之后，他便可以放轻松了，没有理由动摇了。

我们若不确定如何做，可以从信任的老师那里寻求鼓励。根据他们的身教和言教，我们便可以跨出这一步。寂天菩萨说他和佛及佛子一样，周详思惟过他个人的决定，看不到有撤回的理由。

> 若我已发菩提心，
> 却又反悔食言，
> 就是背叛了每一位众生。
> 我会投生何等恶趣啊！

对寂天菩萨来说，要掉头不顾众生，风险实在太大了。因此在以下两颂中，他考量了在决心受持如此广大的菩萨愿之后，又不正知、不留意的后果。

如同圣教所说，
发心小布施，
却出尔反尔，
此种人将堕饿鬼道。

我曾发心要度化轮回众生，
证得无上安乐，
却又欺骗了他们，令他们失望，
我怎能指望投生善趣呢？

这些颂文说的是出尔反尔。如果你曾经很想慷慨布施，后来又改变了主意，极可能是受贪爱或执著的影响。这时你要找机会延展一下你的心，否则，你便增强了贫穷心态以及“饿鬼”心态的因缘。饿鬼就是永远觉得不够、永远无法满足的心态。

如果是这样，寂天菩萨反问自己，发了利益一切众生的愿，又不能保持，会有怎样的后果？

发了菩萨愿又食言，并非指有时不太想履行义务，而是指决定永远以自己的舒适和安全为优先。决心受持之后，毫无疑问地，我们有时会感觉自己的不足之处，并怀疑自己利益众生的能力，这类暂时的中止是可以想见的。但如果我们决定让菩提心的星星之火熄灭，遏阻挑战和成长的想往，后果着实悲哀。我们就真应了那句老话：“老狗学不会新把戏。”最深刻的悲哀，是我们对他人的痛苦关上心门，还自以为十分有理。

其实也不尽然，
退失菩提心也可以证得解脱，
这是由于不可思议的业力，
只有佛陀才能洞彻幽微。

此颂说的是阿罗汉舍利弗，佛陀最亲近的弟子之一。他是一个少见的例子，虽然退失菩提心，并放弃了“一切众生尽成佛，我方成正觉”的誓愿，但仍证悟了阿罗汉。

根据传说，舍利弗在过去世遇见一位饿坏了的食人魔，乞求舍利弗割下他的手臂，他说这是唯一可以满足他饥饿的食物。舍利弗一点也没有犹豫，立刻割下右臂献给他。孰知他居然很不高兴地抱怨：“我不要右臂，我要的是左臂！”显然这是压倒舍利弗的最后一根稻草，他对众生不合情理的要求完全失去了信心，于是放弃了菩萨愿。

一旦菩萨应许要处理日益困难的状况，他们其实是自找麻烦。我们必须面对现实，要处理像你我这样不讲道理的众生。

在菩萨律仪的罪堕中，
退失菩提心是最重者。
因为一旦退转，
众生的利益将受损。

寂天菩萨再度重申这一点：菩萨所犯的最严重过失，就是对世间的挑战掉头而去，不再回望。有一些挫折感是不可避免的，但如果我们完全放弃对他人伸出援手的希求和热情，我们的结局可不见得会像舍利弗一样！

还好据说菩萨愿像金瓶一样，非常珍贵，但打破了很容易修补，我们可以随时恢复菩萨愿。在菩萨愿里，本来就对人性弱点具有慈悲，并永远鼓励众生重新开始，永不嫌迟。

若有人障碍菩萨的善行，
虽然只是短短一刹那，
却因减损众生的利益，
就要永远沦落恶趣。

第二重严重的过失，就是障碍菩萨的善行。这并不难避免。当我们伤害或侮辱了我们不喜欢的人时，谁知道我们是不是障碍了菩萨的功德？因此，特地向大家提出忠告：要谨慎地对待每一位众生。

破坏一个有情的安乐，
就会毁灭自己。
若毁损一切众生的安乐……
又何须多言呢？

当我们故意摧毁众生——即使仅仅一位——的安乐，我们也同时伤害了自己。对人不厚道虽然可获得短暂的满足感，但最后感觉更糟。如果是这样，又何须多言，不再祈求止息他人痛苦的后果？寂天菩萨劝告我们，须正知业力的因果，并明了我们的行为会有什么样的后果。他在第十一至二十五颂继续讨论了这个问题。

生死轮回中的人，
一旦发起菩提心，
又因错误而摧毁，
必须很久才能登上菩萨地。

若我们不断地重新发愿又打破它，那么很久才能登上菩萨地。然而，我们不会永久耽搁下去。虽然第九颂字面上是这样说，但我们不会永远沦落恶趣。在佛教思想中，没有永远诅咒的观念。某些内心境界看似没完没了，然而纵使是最糟糕的痛苦，也是无常的，总有出头之日。

话又说回来，我们若还继续加强旧有习气，不再向往成长，就大大减慢了成佛的过程。犹豫的习气是有后果的，我们会愈来愈躁动，愈来愈不满足。我们开始视自己为延误者、失败者、成事不足者。另一方面，我们若对业力的运作有所正知，便会明智行事，也会运用珍贵的人身作为成佛的途径，而非迈向地狱的道途。

因此，我将恭敬力行
我所发的愿菩提心。
今后若不勉力而行，
将步步趋向更痛苦的恶趣。

与时推移，我们不是觉醒，就是陷入更深更沉的睡眠之中，这要视我们如何训练内心而定。因此，我们不是变得更柔软随顺、更积极探索，就是更顽固僵化。愿我们都能按自己的承诺行事。

为了饶益一切有情众生，
无量诸佛先后降生又谢世了，
而我，却因为恶业，
无福被佛陀亲自教导。

佛的怙佑普照众生，但有三种心态让我们无法蒙受持续的怙佑。这三种心态可以比喻为三种“钵”：盈钵、毒钵和漏钵。

钵中的水若满盈到钵缘，如同内心充塞着意见和先入为主的成见：我们已经全知道了，我们有过多固定的想法，没有一桩新的事物影响得了我们，或者让我们质疑自己的假设。

盛装毒素的钵，如同内心愤世嫉俗、吹毛求疵，一切都被这种苛责的心态所污染，不开放，不愿意探索法教，自以为是，等等。

钵底有洞，如同散漫的心：身体在，心却迷失在诸多念头中，成天忙着计划到哪儿度假或去哪儿吃大餐，老师教了什么则完全充耳不闻。

寂天菩萨了解到，接受佛的怙佑却不能从中得到利益有多么悲哀之后，他决心内心开放而且正知，免得事后徒自悲伤。他说，除非我们理解因果运作，否则不会有任何改善。这是必须严肃思考的讯息。

若我今后依然故我，
这就是我的命运了，

我会沉沦恶趣，
遭受痛苦捆缚、割杀、撕裂。

在我们的行为中有一种重复的模式，但我们常常视而不见。遇见困难的情况，就特别容易引发我们的习气反应：退避或抽身，尖叫或哭泣，变得骄慢或自卑。这些寻求安全感、避免不如意的策略，只会增加我们的不安。唉，它们是会让人上瘾的。虽然后果往往是苦，但我们还是一试再试。

正知犹如护卫者，保护我们不再重复同样的错误，也不再增强同样的习气模式。我们确实可以逮到自己被钩绊的那刻，而且避免被 shenpa 所扰动。

值逢诸佛示现世间，
我对佛法生起真信心，又获得人身，
这都是修习善法的难得机缘。
哪一天才能再度获得呢？

在寂天菩萨的法教中，有几个一再出现的主题。其中之一便是生而为人珍贵难得，但我们却追求太多而虚掷了此生，尤其我们毫不知何时会失去福报。第十六至二十六颂针对这个主题有更多发挥。

不错，今天我精神矍铄，
丰衣足食，毫无烦恼。
但生命却无常虚假，

此身不过是短暂借给我而已。

这珍贵的生命犹如一场梦境，纵使是好梦，仍是稍纵即逝，不可捉摸。如果我们视生命为理所当然，就浪费了我们的福报。

我们往往对自己优越的处境洋洋自得，尤以西方为然。但如果我们的现代家电用品坏了，停电了，冰箱中的食物开始腐坏了，我们的心态又会如何？

但我这样的行为
来世将得不到人身！
一旦失去宝贵人身，
就只能恶贯满盈，善行全无了。

对于我们行为的后果有所正知，仍是此处所要探讨的主题。我们可以运用智慧，明智地行动，而不受习气驱策。

寂天菩萨在第十八颂中，强调必须对于我们播了什么种子有所正知。他再一次说明未来的福报要靠现在撒下清净的种子，而非受苦的种子。

现在正是行善的机会，
如果不利用它来修善，
万一堕落恶趣被众苦所惑，
我的下场将会如何？我还能做些什么呢？

在恶趣里没有机会行善，
只会永远造恶业，
纵使经历了一亿劫，
也不能得生善趣。

当我们处于顺境时，比较容易对他人的痛苦打开心灵；处在剧烈的苦境时，则比较困难。假如我们饿慌了，有人给我们一碗饭，我们会分给同样饥饿的人吗？由于我们对饥饿和死亡的恐惧，这是极为困难的。当我们被众苦所惑的时候，只想一心解除自己的痛苦。就为了一刹那的不饥不饿，我们很容易便选择不顾他人。痛苦强烈时，较难想到他人，也较难开发菩提心。

如今，由于我们生于善趣，有机会减少苦难，创造快乐的因缘条件；也有机会减少畏惧与贪婪，创造内在的力量和慷慨好施的因缘条件，以后可就不见得这么容易了。

因此，世尊说：
正如汪洋大海中一只盲龟的颈子，
碰巧伸入一块漂浮的轭木孔洞那样，
要获得人身是非常困难的。

在此，我们有一个经典的比喻，说明珍贵的人身有多难得：就像海中盲龟每百年浮出海面一次，恰好将脖子伸入漂浮在海面的轭木上面的一个孔洞。我们很容易投生为昆虫、鱼类或没有机会听闻佛法的人。我们现有的优越条件是极稀有的。

若刹那间的恶业
会令众生多生多劫堕落无间地狱，
那么我无始以来所积聚的恶业——
不用说将无法使我趋入善趣！

若是有意伤害他人，即使那意念只是一闪而过，也增强了地狱的心态。更不用说是我们已经造成的恶业——不只在这一生，还包括无始以来造成的伤害。

一旦开始检讨生命，不可避免地会有一些令我们后悔的事。我们都说过、做过一些希望自己从没说过、没做过的事。这并不是说我们注定要倒霉，而是说只要坦承我们做过什么事，便可将习气所依止的无明给挡住。我们从而开发出放松而柔软的心，不再阻碍自己未来的幸福。

此处的重点是：任何时候我们都可以做出选择：是走向痛苦？还是走向快乐？

仅仅受完这些苦，
并不能就因此解脱。
因为在受恶趣的苦时，
更多的恶业将会发生，其量无边。

寂天菩萨再一次提醒我们，强烈的痛苦通常使我们变得刚愎自用，让我们更畏惧，更自我中心。

佛陀开示集要《法句经》（*Dharmapada*）中说，大痛苦可以唤醒大慈悲，这是理想的菩萨。菩提心的法教告诉我们：痛苦如何不致使我们更烦恼，反而更仁慈；如何让我们不致造成更多伤害，反而将我们与他人联系起来，唤醒菩提心。要是没有这些法教，痛苦不能让我们解脱，反而会令我们困得更深。

拥有宝贵的暇满人身，
而不修善法，
还有比这更愚蠢的吗？
还有比这更自欺的吗？

寂天菩萨这里的意思是，令众生失望，就是背叛自己。正如布克尔·华盛顿所言：“别让任何人叫你失望到恨他们。”当心中充满仇恨时，谁最痛苦？此处的重点是我们背叛自己比谁都多。

虽然这些我都了解，
却依然懈怠虚掷光阴，
那么在临终，
将忧苦不堪。

既然知道我们处于可以救度自己的有利情况，如果这种智慧不能塑造生命，那我们临终时会是什么心境？

当我的身体

被地狱火焰长劫灼烧，
我的心也必定被折磨——
在无尽懊悔的火焰中焚烧。

本颂说明了同一重点，我们若加强不善的习气，内心会被无尽懊悔所折磨。然而，我们应该如何来理解此颂？如果认为业力即惩罚是一种邪见，天上根本没有大裁判者，这里到底在说什么？

寂天菩萨说的是负面情绪的毁灭性力量，以及当我们强化它时，它奴役我们的力量。由此至本品结束，在谈过对因果运作应该具有正知之后，寂天菩萨又谈到需要对烦恼——贪、嗔、痴、嫉、慢、骄以及它们衍生出来的所有情绪——有所正知。

我已经侥幸获得稀有的人身，
正可以利益自己。
如今，自由——选择的权利——在我，
若来生依然堕落地狱，

那我就形同被咒术迷惑，
内心完全不再有力量，
不知道自己疯狂了。
天啊，我将落于谁的股掌之上呢？

有时，我们可以选择要有什么情绪。能够这样有所选择，我们便可解脱。若不善加利用，简直是昏了头。

从另一方面来说，惯性反应若强烈而持久，也很难做出明智的抉择。我们并无意选择痛苦，不过是重复自己熟悉的行为而已，但这些行为往往都不是高明的策略。我想我们都被咒术迷惑，内心完全没有力量，不知道自己疯狂了，心有戚戚焉。到底是谁将我们置于股掌之上？答案是我们的烦恼。它们没有手脚和五官——它们根本没有实体！

> 我的怨敌——贪嗔，
> 它们既没有手脚和五官，
> 也不英勇，不聪明，
> 怎能把我当奴隶使唤呢？

这是很有价值的问题。这强而有力、不可执持、不可言说的能量，如何能为害如此之烈？自下一颂起，寂天菩萨开始回答这个问题，讨论烦恼的五个过患，也就是我们痴惑情绪的五个面向。

第二十八颂中谈到的第一个过患是，我们被烦恼驱使。如果我们有正知，能洞察此一事实，便可以减低它的威力。但寂天菩萨说这就像着魔一般。情绪反应开始只是轻微的紧缩，shenpa 就是常见的拉锯战，在我们尚未察知以前，就被它拉着跑了。结果在几秒钟之内，我们小小的苦恼变成了完全失去控制的灾难。

然而，我们有天生的智慧和及早停住这种连锁反应的能力。我们可以视正知的程度，在还能控制的阶段，多少阻止这种成瘾的冲动；犹如我们行将踏入陷阱，我们至少可以停下来，深呼吸一下再前进。

是我，内心开门欢迎它们，

让它们随心所欲伤害我！

我竟无怨无悔，甘心忍受——

我那一点点薄弱的安忍全不见了。

烦恼的第二个过患是我们欢迎它们。它们看起来很熟悉，它们让我们觉得有东西可攀附，而且当它们开始一连串可预知的连锁反应时，我们简直不能抗拒。

洞悉以上的过患非常有帮助。当我们认清自己其实喜欢烦恼，就开始了解为何它对我们有这样大的力量。举例来说，仇恨可以使我们觉得强固、大权在握；暴怒甚至令我们感觉更强而有力、百毒不侵。贪爱和欲求可能会令人感到安慰、浪漫、怀旧；我们为逝去的爱和未完成的梦想而流泪，这种苦苦甜甜的滋味，既痛苦又美味，因此，我们甚至想不到要阻断这个烦恼之流。无明奇异地令人非常舒适，我们不必做任何事，只要轻轻松松，就可以跟四周发生的人事完全没有关系。

我们每一个人都以自己的方式张臂欢迎烦恼，对此保持正知是首要之务。我们不能过于天真无知，如果我们喜欢烦恼，便永远不会想去阻断其诱惑力。我们永远会过于自满并且不当地迁就。

烦恼好比贩毒者，我们想要毒品时，毒贩是朋友，因为我们毒瘾很强，所以欢迎他。但如果我们想戒毒，就会将毒贩与苦难联想在一起，他便成了避之唯恐不及的人。寂天菩萨劝告我们要将损害我们的烦恼情绪当作贩毒者，假如不想一生耽溺于毒瘾，就必须看到负面情绪使我们软弱，而且伤害我们。

清理情绪和从重度毒瘾中拔出一样困难。然而只要看到这种瘾头将毁了我们，我们就会很想戒毒了。纵使我们对自己说：“我不想放弃烦恼。”至少我们很诚实，虽然这份顽固的宣言，可能会开始纠缠我们。

但让我来告诉你烦恼的瘾头是怎么回事：若没有智慧看到它对我们的伤害，又缺乏明确的发心，在它变得愈来愈强之时，那种熟悉的冲动就很难中止了。

然而，千万别低估自省的疗愈力量。比方说，快要口出恶言，或耽溺于自己有理或好批判的时候，当场反省一下：“如果我任这习气增强，会带来痛苦还是解放？”

当然，你需要对自己完全诚实，也不要盲目采信佛陀和寂天菩萨的说法。也许你的习气同时给你快乐和痛苦，也许你会下结论说，虽然法教说习气会造成痛苦，其实并没有。你必须依据个人的体验和智慧，为自己回答这些问题。

第三十和三十一颂进一步讨论，从烦恼生起的惯性反应是无益的，张臂欢迎令我们受苦的烦恼是会产生过患的。

即使所有的天神和阿修罗
都起来和我作对，
但是他们强大的力量——全部加起来，
还不至于把我抛进无间地狱的熊熊烈火中。

寂天菩萨说外界没有一样事物比烦恼更能伤害我们，我们需要思惟这是否属实。

可是烦恼的势力却非常强大，
能在刹那间将我投入
足以烧尽须弥山的地狱，
连灰烬都不留。

此处他指出情绪累积的后果非常痛苦，也非常强烈，可以将最伟岸的山岳化为尘灰。但我再次强调，佛教的教导鼓励我们思惟本身的体验，再对照自己所学，看看是否为真。

第三十二颂是烦恼的第三个过患：如果缺乏正知，烦恼会长久伤害我们。

没有其他仇敌
像烦恼这样长寿——
我的仇敌、烦恼，
无终无始的伴侣！

在我们讨厌的人迁走或过世很久之后，憎恨的习气仍跟着我们。愈任由习气运转，它们就愈强——当然，它们愈强，我们就愈任它运转。一旦这种连锁反应停不下来，那么被禁锢的感觉也就愈来愈强烈。结果，我们好像是绝望地与怪物关在一起，外界没有一个敌人会像我们自己的烦恼这样伤害我们。

第三十三颂提出了烦恼的第四个过患：烦恼是会得寸进尺的。

我所姑息并服侍的其他仇敌，

将饶益我、协助我，

但是，若一味侍奉内心的烦恼，

只会遭受伤害和苦恼。

寂天菩萨警告我们别对毒贩太天真，我们必须了解他的策略和诱人入壳的方式。同样地，我也不能对情绪的力量太过于无知，不能因为希望它们带来安乐，便欢迎或纵容它们。

法教指出“要与情绪交朋友”，意思是对情绪更具正知和了解。无知于情绪只会使事情更糟，对情绪觉得愧疚或羞惭也是如此，而若与之对抗更是没有建设性。唯一消解其威力的方法，就是全心全意而又具有智慧的正知。只有这样，我们的内心才能稳定，发现情绪无实的本质。我们不能昧于知悉这整个过程。如果我们一直为不可捉摸的情绪火上加油，犹如想用煤油来灭火，是不可能做到的。

因此，若我这些长寿的宿敌，

这些持续增加痛苦的泉源，

会在我内心找到安全住所，

这个世界何处可以找到喜悦或和平呢?

在第三十四颂中，寂天菩萨提出烦恼的第五个过患：只要我们被它牵着鼻子走，就永远不可能有世间的和平。我们自己不会有平静的心灵，众生会继续受苦。战争会持续，暴力、忽视、耽溺、贪婪将永不止息。若我们被情绪占领之前先稳住自己，便创造了一切众生和平快乐之因。

若这些生死牢狱中的狱卒，
这些地狱的刽子手和行刑手，
都潜藏在我内心的贪爱网中，
那么我的来世怎会有安乐呢？

我们向来认为自己的苦难是他人造成的。但寂天菩萨说，是我们创造了自己的地狱：我们个人的地狱和我们充满烦恼的心是互相依存的。以他的观点来看，我们必须为发生在自身生命中的事件负责。如果我们给烦恼一个遮风避雨的好地方，怎可能会以欢喜收场？

佛陀成道之前，烦恼全力向他进攻，他被嗔、贪和其他一切烦恼试炼。但他不像我们，并没有见饵上钩，他总是清明地觉醒着，全心全意与它们同在，以正念和放松，不为烦恼强大的能量所乱。

在《哈利·波特》其中一集里，哈利这位初发心菩萨受制于诅咒，产生了强烈的冲动，要向烦恼投降并且行将为害众生。然而哈利的智慧和仁慈更强大，它不相信烦恼对他说的话，也不受烦恼许诺的舒适的诱惑，于是诅咒便失效了。

还没有亲见敌人消灭以前，
我不会退出战斗。
如果被激怒一点点，
在纷争停息之前就无法入眠。

愚蠢的敌对双方，死时都会痛苦，

还是极力争战求胜，
不顾刀砍剑刺的痛苦，
仍站稳阵脚，绝不投降。

不消说，我绝不会灰心丧志，
无论这场争战多么艰辛。
今天，我立志消灭这些俱生仇敌——
这些仇敌，这些我一切痛苦的来源。

因为寂天菩萨生为具有战士传统的王子，自然会用战争的意象。然而，他的话语并非要传达嗔害心。生死轮回中的勇士，是用来比喻菩萨慈悲的勇气。我们需要勇气十足，却不怀嗔害地站稳脚跟来对抗烦恼。我们若身怀明确的决心、觉知和慈悲等武器，便可阻断烦恼的煽动和力量。

当然，过程中我们会感到不适，这跟我们在戒除任何事物时，所经历的不适和掉举散乱是一样的。依据经验，一开始便臣服于烦恼较为容易，但最后必招致更大的困难。相形之下，一开始便自习气反应中抽身，最后生命必将愈来愈放松，愈来愈自在。

在我们去除烦恼时，要确定我们走对了路。寂天菩萨特别说明，正如愚蠢的敌对双方，都承受了生理痛苦、失眠甚至死亡——他也愿意承受剧苦，不再为烦恼所奴役，绝不会因为痛苦或恐惧而放弃。

在得不偿失的战争中被敌人杀伤，
被士兵当成战利品炫耀。

所以，我为如此大奖而全力以赴，

受伤怎会难倒我呢？

为贪、嗔而战的战争中，士兵骄傲地展示他们的伤口，他们受的伤有如勇气的战利品。我们可以预见，在阻断烦恼的力量时，我们也会“受伤”。在从生死流转中解脱的努力中，我们也可以为自己所经历的痛苦而自豪，视伤口为战利品，不抱怨。

渔夫、屠户、农人等，

只想取得温饱，

尚且能忍受寒热的痛苦，

我为了众生安乐，怎能不吃同样的苦呢？

人们为了营生，必须经历地狱般的苦况：渔夫在苦寒中走上结冰的水面，农人在严重霜害后失去一切，运动员忍受不可想象的疼痛最终赢得胜利。假如我们认为自己会大有斩获的话，付出任何代价也在所不惜。想想看，如果我们也愿意这样不计一切来滋养菩提心，结果会如何？用这种发心，我们可以使自己和他人获得无上的满足——这远比我们追求其他事物的获益都还要广大。

当我发愿要解脱，

遍法界的

一切众生之苦，

就要承受与他们相同的苦。

因此我的力量大到无法估算——

这样说显然是疯言疯语。

不过这是另一个理由使我永不退却，

永不放弃与烦恼作战。

这是如寂天菩萨般善根成熟的菩萨，和训练中的菩萨的分野。当他说受持菩萨愿显然是疯言疯语，他并非想表达消沉或有所不足的感觉。他这样说是为激励自己精进，尽一切可能地保持正知而觉醒。他督促自己向前迈进，不再耽溺于愧疚或其他种种失败感中。

下次你若因为痴惑一点也没减少而觉得无望，你可以用寂天菩萨的话来鼓励自己：这是另一个理由使我永不退却。

我们的每一桩勇敢的行为，无论自认成功与否，绝对在我们心里会留下正面的习气。一点点阻挡旧习气的意愿，都会带来更大的勇气，以及对他人更深的同理心。无论我们自觉有多么窒碍难行，我们还是会永远获益。为什么呢？因为我们不再编造失败主义者的情节，而以智慧来处理烦恼。

我充满仇恨发动战争，

这将用尽我全部的热情！

虽然这种情绪看似烦恼，

其实它会消灭烦恼，不容低估。

第四十三颂中，这种情绪就是嗔。虽然一般人视之为问题，寂天菩萨却以同类疗法，誓愿以嗔止嗔。他满怀热情，带着征服一切的战士的精神和喜悦向前迈进。

> 我宁可被火焚烧，
> 甚至头身分离，
> 也不愿服侍或尊敬
> 我顽强的敌人——烦恼。

随着时光流逝，我愈来愈了解这种热情的决心和信心。一切操之在我：我不是选择将一生投注在增强烦恼上，就是花在减弱烦恼上；不是继续做它们的奴隶，就是认识到它们并无实体，视它们为自己强大有力、不可思议的能量。这样便愈来愈清楚，哪一项选择带来更多痛苦，哪一项又将带来自在和喜悦。

> 普通的敌人被逐出境外之后，
> 就会转退他方，
> 等到元气恢复后再俟机反攻。
> 可是烦恼没有这种诡计。

> 无明烦恼会被慧眼识破！
> 被我心驱赶之后，还能往哪里逃逸呢？
> 你还能从哪里回来伤害我呢？
> 但，噢——我心衰弱，依然怠惰。

现在寂天菩萨谈到光明面了。他非常欢喜能自烦恼中解脱，从第四十五颂到结尾，他表达了他的喜悦。

一旦知道烦恼被慧眼连根拔除，永不复返，快乐便随之而来。一旦看到它们空空如也、瞬息变化的本质，它们的力量便蒸发了。Dzigar Kongtrul 仁波切记得，他们寺院中幼小的出家人，有多害怕每年的雪狮舞；待他们长大些，知道雪狮不是真的，只是戏服，他们便不再害怕。这是烦恼性空贴切的例子。

烦恼不在外，
不在六根内或两者之间。
它若不住在任何地方，
那么它们到底住在哪里，何以能伤害众生？

它们只是幻影
——不用害怕！
去除恐惧，努力观照它们的本质！
何必要在地狱白白受苦呢？

寂天菩萨虽然运用了许多战争的意象，他其实并不是鼓励我们和烦恼打仗。他请求我们仔细检视它们，发觉它们虚妄的本质。下次你要生气时，问问自己："这烦恼住在哪里？"它住在我生气的对象之中？还是住在我的心识中？或在两者之间？这怒气的本质是什么？谁在生气？

也请仔细检视你如何用念头为烦恼火上加油。注视任何念头，并问自己：这念头来自何方？现在何处？然后去往哪里？当你注视念头的生、住、异、灭，如果你能找得到任何可以执持的实体，请第一个让我知道。

我们在内心建立了一个异想世界，促使烦恼不断升温。然后，我们赫然发现异想并非实体，烦恼也没有根据地，犹如大梦初醒一般。

我朋友的父亲得了阿兹海默症。他以前是个易怒的人，自从他失去记忆，人就变了，因为他记不得自己在生什么气，他就没法再为苦楚火上加油了。每当他火气升高时，却无法生气下去，他一旦缺了编造情节的能力，生气的原因便消失了。

当然，我们并不是经常这样以正知来处理烦恼。如同寂天菩萨说的，我们的心有时候看起来既弱且懒，但令人鼓舞的是，我们无须苦苦奋斗，敌人只是海市蜃楼。

> 我应这样思惟，这样修习，
> 受持菩萨戒。
> 如果不遵医嘱用药，
> 如何能重获健康呢？

正如病人不遵从医嘱，病就不会好；我们不实际应用，这些法教也帮不上忙。这可不是学术研究，我们可以每日念诵《入菩萨行》，烦恼却仍不断增长。这些法教是一种生活方式，若要唤醒菩提心，我们必须滋养它，使之繁茂。每当自己被钩绊或忘乎所以时，就按照寂天菩萨的话来修习自心，应用它们。

第五品（上） 调伏自心

《入菩萨行》第五品中，寂天菩萨教授了持戒波罗蜜。戒重于行为，即语行和身行，然而，此处的主题是调伏自心。若要让外在的戒行转化我们——并不失菩提心——驯服我们狂野的心非常重要。

想要守护菩萨学处的人，
必须以正念护心；
若不能好好地守护自心，
就不能守护菩萨学处。

调伏自心的方法是修“奢摩他”（shamatha），即修止。“奢摩他”是梵语，意为“安住”或“培育寂静”。修止时，我们通常以出入息为专注的对象，然而，无论专注于什么对象，方法都是一样的：发现自心跑开时，温柔地将它带回来，这样，我们又回到当下，回到直观体验。无需严厉或批判，而是必须一而再、再而三地练习。

当心狂野的时候，戒行就无从维持。明确地说，菩萨学处即为摄律仪戒、摄善法戒、饶益有情戒三者。心若疯狂，我们如何能制伏烦恼，而有仁慈的言行？若缺乏稳定而警醒的驯服心，我们如何活在当下？因此，我们要正念地、温柔地、再三地训练，把心找回来。

心的调伏需要时间，穿过或好或坏的情绪，经历宁静或烦恼来袭的时刻。我们训练自己活在当下，日日、月月、年年，我们愈来愈能守护菩萨学处，愈来愈能过菩萨生活，如菩萨一般闻声救苦，伸出援手。

如果放纵自心如狂象般粗野，
就会遭到无间地狱的苦难；
世上的巨兽，无论多么狂野，
也还不致为害如此之烈。

佛教经论将心的狂野比作多种动物，例如心猿、意马。在此处，寂天菩萨以象为例，这是可驯服的野兽中力量最强大者。如果野马野猴可以带来一场大灾难，那么想象一下狂象所造成的毁灭！

如果由我来造第二颂，可能是这样的：“如果我们的心未加驯服而且散漫，便会不断受情绪扰动，我们愤怒和执著的瘾头会更强。”但寂天菩萨并不这样委婉。他说，散漫的心会令我们遭到无间地狱的苦难。

在此处，“地狱”等于是散漫心的悲惨后果。寂天菩萨以鲜明的言辞让我们迅速抓住重点。没有开始训练自心之前，我们不停地被情绪推得团团转。世间没有哪一桩事物——野兽、路贼、外来威胁——比我们自心中的狂象招致更多的不快乐了。

若以正念的绳索，

紧紧拴住如狂象的心，

那么恐惧将消失无形，

一切的福善也如探囊取物。

培育内心本有如如不动的能力，称为正念训练。正念像是一根绳子，系住大象，不让它把眼前的事物都摧毁殆尽。正念的绳索带我们重回直观体验：回到出入息，回到行走，回到手中之书。

以下这一点很重要：正念将我们的心系于当下。刚开始需要花点工夫，但这工夫是轻轻地用出。好比刷牙：你刷牙，心忽而跑开，心又自自然然回来刷牙，没什么大不了。正念的训练也一样：心在，心忽而跑开了，心忽而又回来了，没什么大不了。轻柔地回到当下，那么恐惧将消失无形，一切的福善也如探囊取物。当内心平静下来，没有什么事是不能处理的。

寂天菩萨的话可能让我们觉得这是很容易的："我来处理自心，一个月后我的毛病就治好了。"但实际上，我们的心理习气历史悠久，得花点时间才能解开。因此，我们必须以耐心、智慧和温柔来训练自心，然后善良的心性将逐渐增长，有时候好像是神奇地自动出现。

自心安顿后，我们的生命中自然充满福德，我们会有清新的洞察力和更多的仁慈、放松和稳定。

老虎、狮子、大象、巨熊，

蛇和各种可怕的野兽，

地狱的狱卒，
一切恶神、罗刹等妖魔鬼怪。

只须系缚此心，
这些外敌就全部被系缚；
只需调伏自心，
这些外敌就全部被调伏。

不妄语的佛陀曾说：
一切焦虑与恐惧，
一切无量无边的痛苦，
它们的泉源都是心。

寂天菩萨此处的说法非常具有革命性：一旦我们调伏了自心，一切焦虑、恐惧和痛苦都会消失，即使遇见猛虎恶鬼，也能保持冷静。当我们活在当下而且觉醒，情绪是很短命的。

如地狱般折磨众生的鞭笞，
是谁制造出来的？又为了什么？
是谁锻造了熊熊燃烧的铁板地？
地狱中的妖女又是从哪里冒出来的？

佛说：如此恐怖的灾患，
都是从恶心所造出来的。

因此，在三界里面，

没有什么比心更致命的了。

寂天菩萨在此明确地说明，地狱情形——鞭笞和其他恐怖状况——只会从地狱心态而来。这种观点有助于我们了解第七颂提到的妖女。经教中描述地狱道时，都提到无餍足的欲望，或可称为“妖男”。在许多痛苦的时刻，我们一直被引诱爬上利刃剑山，只为了与情人相会。我们冒着被割伤的危险，还是奋力爬上山顶。但登顶之后却发现，这诱人的幽灵居然变成了食人魔，如此周而复始。这种痛苦来自极度充满欲望的心所产生的无法控制的贪爱。开始只是灰烬，但迅速点燃后，即成为无餍足欲望的大火所焚烧的地狱。

寂天菩萨听众中的出家人，也许会将他们的情欲怪罪到女性头上，这就像我们老向外找自己苦难的原因，没有什么比心更致命的了。没看管好的狂野之心，会陷我们于极不称心如意的境地。

若说布施波罗蜜

可以消除众生的贫穷，

如今穷人依然触目皆是，

过去诸佛是如何行布施波罗蜜的？

经说：真正发心布施一切财物——给每位众生

就可获得这样的果报——

布施波罗蜜圆满。

可见，布施波罗蜜完全以心为主导。

第九至十七颂中，寂天菩萨提出帮助我们理解六波罗蜜——布施、持戒、安忍、精进、禅定、智慧——的方法。他阐释了如何借由调伏自心，来转化六者为成佛资粮。如果我们不处理自心，六波罗蜜也不能令我们解脱，这是因为“波罗蜜”和放下自我执著是同一回事。

所以这全视我们的行动而定：我们的执著不是减低，就是增强；不是引领我们进入当下，就是让我们散漫。令我们不再只顾自己的所有行动都是“波罗蜜”，但这只有在我们愿意调伏自心的当下，才会发生。

举例来说，菩萨修习布施波罗蜜，希愿止息众生的贫穷；怀疑论者可能会说：“这发心的确高贵，但我看不出有什么改变，物质贫穷依旧随处可见。”对这类言论，寂天菩萨可能会这样回答：“就是全世界的财富都重新分配，这贫穷的现象也不会改善，除非我们整治贫乏的心。”

有一次，一位女乞丐向佛陀乞食。佛陀见到她强烈的贪爱，希望连根拔除她的痛苦。于是，当她捧出碗时，佛陀答应终生每日供应她个人和全家的食物，只有一个条件，就是她必须说“不，我不需要”，然后等几分钟再拿食物。说来悲哀，那贫穷的女人始终开不了口，佛陀还是给了她当天的食物，但她再也没出现。

只要贪爱无有餍足，无论我们贫穷还是富有，就永远都生活在不足的世界里。这是寂天菩萨所谈的重点。

众生、鱼等应安置何处，

才能免除它们被杀的痛苦呢？

决定不伤害它们，

就是持戒波罗蜜圆满。

同样的推理也应用在持戒波罗蜜上，见第十一颂。如果我们尚未决定永远不伤害众生，众生怎能找到永久安全之处？我们有多不愿伤害彼此，世界就有多仁慈。若缺乏明确的发心，经教上的戒行无论看起来多道德，都不会让我们从自我中心所导致的不清醒行动中得到解脱。

有敌意的众生多如虚空，

怎可能一一降伏呢？

若能止息嗔心，

就消灭了一切敌人。

本颂提出了嗔害心的主要对治方法：安忍波罗蜜。寂天菩萨再一次指出，我们的心态和我们眼里的周遭世界是相互依存的，因此，没有愤怒便没有敌人，将激怒的心平静下来，就消灭了一切敌人。只要充满仇恨，便处处会见到敌人。

若要用皮革将大地铺盖——

哪能找到这样多的皮革呢？

其实只消用一小片皮革包住脚，

不就等于盖住了所有的地面吗？

第十三颂大概是《入菩萨行》最有名的颂文了。这个比哈是说我们赤足走在烫脚的热沙、荆棘、石砾上，我们的脚受伤流血了。忽然，我们想到一个方法来除苦：用皮革覆盖整个大地！当然，这是不可能的，但我们用皮革包住脚怎么样？我们可以到处行走，一点也没问题。

我们不能妄想以剔除每一个外界因素来解决我们的问题，然而人们往往采取这样的方式："都是这世界的错。它太粗糙、太尖锐、太冷漠！如果我能除去外界的敌人，就可以高枕无忧了！"寂天菩萨说："如果你要保护脚，就穿上鞋；如果你要在世间的挑战下保护自己，就调伏自心。对付苦难的策略是安住当下。"

同理，我们永远不可能
控制事物的外在变化。
只要掌握并调伏内心就够了，
还有什么需要对治的呢？

有时候，我们可以改变或完全控制外在事件，只要看看甘地和马丁·路德·金做的事就知道了。然而从古至今，不公义的事情没完没了。寂天菩萨说：改变世界的唯一方法，就是调伏自心。想一想，如果每个人都驯服了自心，世界会有怎样的改变！

清明的心能结出善果，
让我们得生梵界。
身语业的力量较小，
得不到同样的果报。

以佛教徒的观点来看，清明而专注的心，就能得生梵界。光是勤行身语善业则得不到相同的果报。事实上，清明而稳定的心可在痛苦生起处，去除自己和他人的痛苦，较诸身语的善业利益更大。欲达到这种安定澄明，我们需要精进波罗蜜，让我们不断地全力以赴。

即使长期修习
念诵和苦行，
若内心散乱，
洞彻真理的佛陀说：那是无益的。

即使经年禅修，如果内心散乱，也不会从习气中解脱。禅定波罗蜜是驯服自心，而不是坐得挺直，脑子却在生活的喜怒哀乐上打转。

如果不认识和通达心的奥秘——
这是佛法至高的胜义，
纵然想离苦得乐，
终将无益地在痛苦中漂泊。

从痛苦到快乐自在的关键，是对空性的直观及一切体验中的如是性，这即是佛法至高的胜义，也是寂天菩萨第九品的主题。既然本书并不包括第九品——“般若智慧”品——的开示，我在此略说其重要性。

没有一个人想过苦难的日子，我们都想要快乐。但如困于分别、狭隘的思考中，怎么也不会达到目的。无论我们多希求快乐，只要我们仍在是与非、好与坏、接受与拒绝的二元思维中，是怎么也得不到快乐的。若我们不再将经验实体化，而去体验一切现象中超越言说的空性，才能令我们从这种有限的模式中究竟解脱。

这种本质不能说存在或不存在——或在两者之间，正如寂天菩萨在“般若智慧”品中说的：

当“实法和虚法”
不在心中现起，
心就不再需要造作，
只要安住于无妄想的寂灭中。

人身除了用来证悟不颠倒妄想的清净自性之外，没有更好的用途。这是一切智慧和慈悲的来源。

因此，我应当好好观照，
并好好守护自心。
其他严酷的苦行有什么用呢？
让我守护内心就够了。

正如疾言厉色无法驯服野兽，它也同样无法驯服狂野的心。寂天菩萨和某些苦行的学派不同，他鼓励我们以温柔练心。

好比置身狂野混乱的人群里，

我们小心移动以保护受伤的四肢；
同理，当我们与恶人相处时，
不可不保护受伤的心。

我因害怕刀伤和瘀伤，
尚且小心保护自己的伤口；
那我为什么不因害怕被众合地狱的山壁夹烂，
而保护自己受伤的心呢？

假如我们的手受伤了，我们会不遗余力地保护它；经过狂野混乱的人群时，我们会特别留神照顾它。我们可运用这种自然反应，来保护散漫、冲动的心。尤其遇到某些情况，容易触发内心过度反应时，最好特别警觉、专注正在发生的事。

在某些地方或与某些人在一起时，我们容易有敌意或耽溺；并非这些地方或这些人充满“邪恶”，而是我们的心无招架之力，容易卷入麻烦。举例来说，当我们在戒酒、戒毒期间，我们不会冒险和旧日酗酒或嗑药的同党混在一起。被耽溺——或嫉妒、仇恨、无明——攻陷的后果，既痛苦又可预见，就像被众合地狱的山壁夹烂。

若平时生活谨言慎行，
那么纵然混处恶棍群中，
或是在美人窝里打滚，
仍会精进受持菩萨戒律。

寂天菩萨是对一群因持戒而独身的出家人开示。对这些听众而言，女性被视为诱惑或麻烦，在此他直指他们偏颇、害怕的心。他实际上是说：你也许以为问题出在美人窝，其实问题在于你的心。如果你们出家人调伏了自心，你们可以去任何场所，跟任何人共处，甚至跟花花公子夜总会的兔女郎厮混都没有问题；世界上没有恶棍这种东西。如果你缺乏稳定的心，怎么谈得上救度他人？你会老是被外界的诱惑和自己的敌意绊住。

我宁愿丧失财富、名位、
健康、生计，
及其他有漏善——都可抛弃！
但是绝不忘失正念。

一切有意护心的人们，
请维持正念与正知。
我合掌恳求你，
不惜生命持守正念正知。

寂天菩萨义正辞严阐述了调伏自心的论点之后，再详述如何实践。主要的教导是滋养正念（mindfulness）和警醒（alertness），或者保持正念（awareness）与正知（mental vigilance）。西藏语是 trenpa 和 sheshin。trenpa 是心安住于当下的本然能力；sheshin 是“警醒”，也就是心有能力知道正在发生的事。目前这些能力也许在休眠中，但修习止可以唤醒它们。

寂天菩萨恳求你培育并维持正念与正知的特质，“请听我的话，”他说，“你不会后悔的。”

> 健康不良的人，
> 无助又无力行动。
> 同理，被无明钳制的心，
> 薄弱无力，无法工作。

这里提到的无明有两个方面：深层的无明是我们对一切事物的错误认知，即二元的观念。这是误以为实有主与客、自与他的分别。《入菩萨行》英译者贺伯·君德（Herbert Guenther）称之为“对一切事物的俱生见”（primitive view about reality）。

因为无明根深蒂固，我们常视为理所当然，但这种错误的二元观念启动了一连串的连锁反应：它制造了人我之间的紧张对立，导致“认同和不认同”、“喜欢和不喜欢”、“想要和不想要”等种种苦难。这就产生了第二种无明：烦恼的无明。烦恼一旦生起便迅速增强，同时痛苦就增加。因此，二元概念的无明必然导致动乱。

正如健康状况不好，将使身体无法正常运作，无明也会覆盖我们清净的自性。我们如果不能摆脱偏见和成见来观察事物，就会遮蔽本然的正念和正知。我们若缺乏清明、稳定的心，便会活在恐惧之中，被情绪控制而根本不知道真正发生了什么事。正如物理治疗能帮助你恢复身体健康，修止是心理治疗，能帮助你恢复本然的觉醒。

> 缺乏明觉正知的人，

虽然也闻、思、修佛法，

心却像装在破瓶里的水，

所学迅速遗忘。

内心涣散时，会记不得我们研读过的内容。我们的心像破瓶，如果我们继续散乱而不发展的正知，内心的散漫将变本加厉。

许多人既虔诚又坚毅，

博学多闻又具有信心，

但因缺乏正知，

仍免不了恶业和堕落。

烦恼和散乱是一道来的。即使极虔诚、极坚毅、极博学、极有信心，烦恼还是会不断掳获我们。除非我们的心安住于当下而且放松，否则我们还是会愈来愈烦恼，凡事都不如意。这是我们早就知道的。

缺乏正知，

就像窃贼趁正念退失时溜入。

他盗取我们所积聚的一切福德，

让我们堕入恶趣。

烦恼就像一群强盗，

等待机会伤害我们。

机会一来，便劫走我们的功德，

叫我们无法往生善趣。

这些颂文再次重复主要的教导：烦恼会趁乱攻击我们。如强盗，专待我们不清醒的时候下手；一旦我们不专注，就会遭到打劫，把一切福报和幸福快乐都给丢了。

情绪混乱比任何盗贼的危害都大；如具正念，我们就可以趁烦恼冲动还不炽烈时逮住它们，然后在它们伤害我们之前解除它们的武装。

因此，不能任由正念
从正知的大门离去而迷途。
正念一失，就思惟恶趣的痛苦，
把心召回。

正知的大门系指我们日益认识到，什么真正利益我们，什么又真正伤害我们。经教上称此为“知何所应做，何所止做”。这并不是根据预存的偏见行事，而是知道什么会将我们的心打开，什么又会增加我们的苦难。当我们看到心困在“认同或不认同”的观念或诱人的幻想中时，我们便可以忆起过去内心流散所造成的痛苦，而温柔地回到当下。一旦发现自己被情绪钩绊，我们就放下颠倒妄想，回到正念。

有善根而又敬信的人，
只要畏惧堕落、聆听方丈开示，
并经常亲近上师，
开发正念便轻而易举。

第三十至三十二颂中，寂天菩萨谈到敬信，这是对老师的感恩和敬爱。大乘佛法称老师为善知识或“道友”，这种朋友不会给我们“白痴的慈悲”——只会不断喂养我们的烦恼，或者保释我们，好让我们继续陷入麻烦。与之相反，这种朋友会教我们如何自己救度自己。

先前寂天菩萨曾经说过，如果我们内心散乱，敬信对我们也没用。此处他更深入一层：以开放的心灵敬信，较易于培育正念。

如果我们有足够的福报、足够的功德，遇到一位觉醒的男性或女性，或听闻他的教导，我们便能体验到自心的清明。有时候我无法招架自己的习气，只要观想上师的面孔，都会激励我回到当下，与自己同在。要是别的方法都不奏效时，想到老师的话语就可令我们警醒，不再受到旧习气引诱。

对老师的敬信、感恩、爱，带我们回到菩提心的广袤和温暖中。无论他们是否真的身在此处，我们永远有他们相伴。当我们得到他们智慧的忠告，又对于重蹈覆辙怀着适当的畏惧感，开发正念和正知即有所依止了。

诸佛菩萨都具有清净眼，
能洞见一切事物。
万事万物都呈现在他们眼前，
我也不例外。

如此思惟的人，

就会心生虔敬和畏惧惭愧。
他会经常随念
诸佛菩萨。

诸佛菩萨体证了菩提心。万事万物都呈现在他们眼前，意指内心一直有清明和温暖。因此，我们一直在觉心跟前，任何时候都可以调频到那里。一旦了知这一点，就能得到激励和支持，这里称为畏惧和惭愧。

“敬畏”指我们了解放弃跟烦恼奋斗的后果。我们并非畏惧外界的事物，而是害怕造成自己的痛苦。我们知道自己不想再往那方向去了，我们要止步。

西方人对“惭愧”这个词有不同的解读。如同大多数事物可以从正反两面来看，负面的惭愧是罪疚和自我贬抑，不但没有意义，也帮不上一点忙。

正向的惭愧是指知道自己伤害了自己或他人，因此心怀歉意。这让我们从所犯的过错中，学习增长智慧。我们开始了解，我们可以忏悔自己造成的伤害，又不至于让负面的羞惭压在心头。仅仅清楚看到伤害和心碎，就足以让我们前进。纯然并慈悲地接受自己的所作所为，我们便可继续向前迈进。

当正念像哨兵般设立，
守护住意门，
明觉的正知就会出现，
让散乱的心回到正念。

修止就是选择觉醒。正念是哨兵，注意到内心何时散漫。它不是严厉或好批判的守卫，而更像保护者。明觉的正知，或称警醒，也将随之而来。心会一次又一次散乱，所以我们要一次又一次温柔地带它回来。

当我检查内心时，
如果一开始就发现错误或不足，
我就会像木桩安住不动，
安然自若，坚韧不拔。

此处错误或不足指心的昏沉或掉举。

当我们一坐下来禅修时，我们可以检查心的状态，看看有什么念头生起。如果看到昏沉或掉举，别用念头去滋养它，只是对所生起的念头保持警醒，既不责难也不屈从。这使我们更容易修行，我们也会觉得较能掌握自己。

对治昏沉睡眠的方法是加深呼吸并稍向上方看。当心掉举狂野时，继续维持坐姿，但舍弃一切技巧，根本不要想挣扎。如此一来，无论什么念头生起，我们可以看见并且做出必要的调整。这样，我们就成了自己的禅修指导老师。

我绝不该毫无目的，
散漫地四处张望。
应该以专注的心，

经常双眼垂视。

这些是关于我们的心跑掉时，应如何调伏的指导原则。如果你去过泰国或缅甸，你就知道出家人都是这样训练的：出去托钵时，经常双眼垂视，这是将正念训练付诸行动。视焦调低，避免视线接触，这或许是那烂陀的标准训练方式，为的是减少散乱，增强对习气的警觉。

找一个特定时间，这样专注地练习正念，警醒留意自己的习气是过紧还是过松。这样的练习将很有助益。

然而，我也要让眼睛休息，
举目四处看看。
若有人来到视线之内，
就以友善的话语迎接他。

有时需要严谨的修习，有时需要对身处的环境保持温暖和觉知。寂天菩萨教诲这些出家人不要看轻这一点，当情况宜于眼观四方并和善待人时，就必须如此。

我们的指导原则是“不松不紧”。若是路上有人受了伤，我们不会仍保持双眼垂视就走过去。若孩子搔你痒，你也不会道貌岸然强忍住笑。觉醒是指行为反应恰如其分。

为察看道路上的危险，
我有时应四面观望。
当我停下来休息的时候，

也要回头察看身后有无危险。

前后左右都观察之后，
就可以决定要继续向前或折返。
这样，无论在何种状况，
我都知道我的需要，相应而行。

此一训练的重点在于，不要因惯性反应而使自己分心。这样，我们就能清楚看到需要做什么，然后相应而行。如上所说，我们关注需要关注的，摧毁需要摧毁的。若不被好恶、敌友等概念所蒙蔽，我们便能清楚知道如何行进。

决定方向之后，
我会选择某种动作，
我将随时反复检查
我的身体动作。

第三十九颂指训练身体的正念。随时，我们重新观察我们的身体和动作，只注意自己在做什么，而对于我们的发现，不批判也不心生骄慢。

我要把狂象般的心，
紧拴在坚固的柱子上：忆念佛法。
我也要严密看守，

不让它松绑逃失。

本颂和下一颂的主题是训练心的正念，即以正念的绳索系缚住，以正知的钩固定住那迷乱、狂野的象。

我们系缚心的坚固的柱子是忆念佛法。我们可以忆念佛法中的因果法则，烦恼所引起的苦果，或调伏自心所获得的利益。重点是，当我们知道自己被钩绊，教导自己自然法则如何运作，很有助益。

精进习定的人，
连一刹那也不可任心流散。
应当经常审察自己，
内心的各种活动。

本颂描述了非常严谨的修习，经教上将此喻为走在横架于深谷的木板上：我们必须这样凝神安住于当下。这项修习与第四十二颂并用而得到平衡。

遇到急难和喜庆等特殊状况，
如果不能专注审察，不妨随遇而安。
因为《无尽意经》说：布施的时候，
如果不能持守细戒，可以暂时舍戒。

这是一个对过分热心者的实用忠告。举例来说，如果初发心菩萨去参加一个派对不是去放轻松、享乐趣，而是去应用严谨的修行，就生起良善的菩提心来说，这类僵化的守戒就未免太过严厉了，也会招致反效果。

对初发心的菩萨来说，最好的建议是调伏自心却不失幽默感。

一件事经过周详考虑并开始着手时，
就不要再分心到其他的事上。
应该专心一意，
只将那件事情办好。

我们许多人都有一个习性，开始一件事之后心就涣散了，好像三岁小孩，心从一桩事跳到另一桩事上。寂天菩萨建议，我们若想调伏自心，那么一旦开始做一件事，便要贯彻始终。在这一心多用(multitasking)的时代，他的法教是很革命性的：一次做一件事，来使自心平静。

依照这个原则去做，就能办妥一切，
否则是成不了什么气候的。
苦恼是正知的相反，
如果这样做，苦恼绝不至增长。

如果我们完全置身当下，烦恼便不会增长。你可以自己测试一下，清醒的时候，烦恼和痴惑是不是减少了？如果答案是肯定的，这消息真是很有用。

如果偶尔必须参与

言不及义的冗长闲谈，

或碰上煽情的活动，

就要谨守正念，不要心生贪着。

寂天菩萨说，我们会浪费许多时间从事无心的空谈。这使我想起一位从道思村（Taos Pueblo）来的美洲原住民小乔·龚梅兹（Little Joe Gomez）。那是上世纪六十年代早期，他遇见一些人在练习完全静默，他们挂了一块小黑板在脖子上，以便沟通。小乔觉得这样很好笑。有人问他为什么，他说："要不讲话很容易，要有觉知地讲话很难。"他的意思是，练习有意识的谈话更佳。

如你察觉自己正在掘地除草，

或在地面上画无意义的图案，

就应该记住佛陀的教法，

以畏罪的心情停止无聊的动作。

在地面上画无意义的图案，是指涂鸦。有一次开会，我在笔记本上随意乱画，上师看到了，就问我："你知道比丘、比丘尼不该涂鸦吗？"实际上那是我第一次听说呢！然而，我为什么涂鸦是很清楚的：我对置身当下不感兴趣。

这是基本的正念训练。不随意涂鸦或掘地除草，这听起来有点极端，但人生苦短，让我们训练自己安住于当下，不再加强散漫的习气吧！藏语中无意义的散漫是 dunzi，我们有可能会将整个人生都浪费在 dunzi 上。这是寂天菩萨所要传达的重点。

当你想要走动，

或者想要说话，

应先检查自心的动机。

因为有稳定的内心，言行才能正当。

你已经决心禅修四十五分钟，坐了十五分钟之后，突然想起有一件重要的事要办，dunzi 就进来了。如果你不了解这拉锯只是拉锯，念头只是想法的话，结果你很可能就跑去浇花或查看电邮。

相反的，想要走动或打电话给人那种开始萌生的冲动，可以单单知道它就好。你可以去碰触念头，却无须赞美或责难，然后放下它们，回来调伏自心。

第五品（下）｜菩萨学处

《入菩萨行》第五品接下来继续探讨“三菩萨学处”：摄律仪戒、摄善法戒、饶益有情戒。第四十八至五十四颂介绍了第一学处，这是让我们立于不败之地的基本教导：像木桩一般安住下来，以减少烦恼。

当内心起了冲动，
行将生起贪欲或嗔恨时，
别行动！保持沉默，别说话！
让心像木桩一般安住下来。

当内心生起嘲弄
和傲慢骄矜时，
当你想揭露他人过失，
思及宿怨，或想欺骗别人时，

当你想让别人赞美自己，

或批评诋毁他人，

或口出恶言与人争斗时，

应像木桩一般安住。

在此，寂天菩萨描述了内心行将向外缘流散的情形。有四个机会可以阻挡这强而有力的冲动：语行之前，念头微小之时，已陷入念头的圈套之时，身行之前。

情绪扰动从初期的认知开始——一种景象、一个声音、一个念头——令我们生起可意或不可意的感受。这是 shenpa 最细微的层次，也是被钩绊最细微的层次。我们察觉到一种拉扯的能量，好似想搔一个痒处。即使不是高深的禅修者也可以捕捉到这种感受。

一开始在“认同”或“不认同”之间拉锯，是我们可以像木桩一样安住下来的第一个时间点。仅仅去体验这种拉锯，在掉举中放松下来，别对念头的小灰烬煽风点火。如果我们与自己素朴的直观体验同在，情绪的能量便可以顺利流过我们，不被卡住。当然，这并不容易，也需要练习。

第二个可以保持稳定和警觉的机会，是念头即将形成，但尚未形成冲力之际。只要在念头愈积愈大之前挡下，情绪的强度便会缓和下来。情绪强度不能离开念头而存在，因此这是重要的法教。

我们若捕捉不到这些细微的念头，情绪便节节升高了。然而，这是第三个可以像木桩一样安住下来的机会；我们甚至可以在情绪热度开始升高之后，任由故事情节发展。只要能挡住节节升高的烦恼，一切都不会太迟。

第四个我们可以稳若泰山之处，是在开始致命的语行或身行之前。寂天菩萨在第四十八颂中指出这一点，他的忠告是："别行动！保持沉默，别说话！"

我们愈早挡住这种可预知的连锁反应愈好，在钩绊中，尚未发展为语言之前，情绪没那么诱人。在念头形成的初期，还是可以处理的。在此处消解了念头，烦恼的冲力便没有了燃料的供应，不致燎原或爆炸。

举例来说，当你感受到外界侮辱的刺激时，不必用一串念头来夸大它，或采信使你生气的故事情节。仅仅认知这些念头，让它们逐渐消退，然后安住于尖锐和刺痛的感觉中。

如果你的情绪真的被翻搅起来，而且戏剧化的情节已经展开了，你还是可以挡住这个过程。虽然难度稍高，但事情尚可控制。

最后一项教导——避免付诸语行和身行——直指最容易辨认冲动之处，但也是最难避免的关头。此刻 shenpa 的拉扯已经很强，我们抗拒不了了。然而，方法还是一样：放下念头，在潜藏的能量中放松。

"像木桩一样安住下来"的修行重于避免，而非压抑。当你认识到你在思考，仅仅认知此一事实，接着将注意力转到出入息的流出流入，或转到身体，转到直观体验。如此一来，你便能安住于当下而且警醒，念头便可能停止下来。运用这种修行时，温柔地与掉举的能量一同出入息，就可以安住下来。我们只要放松，本觉就在这里了。我们内心根本的境界是流动、无分别而自由。任何时候我们都可以调频到这种状况，只要"像木桩一样安住下来"。

此处基本的讯息是：别让情绪的温度达到沸点。在这锅浑汤中注入些清凉活水，shenpa 的能量便会减弱。

当你想求名闻利养，
一群仰慕者侍候你时，
当你追寻荣耀、尊重时，
应像木桩一般安住。

当你想损害他人
为自己图利时，
当你想闲言闲语时，
应像木桩一般安住。

当你不能安忍、懈怠、怯懦，
言语高傲粗鲁，
执著亲友时，
应像木桩一般安住。

至此我们已看到一切对策，用以逃避潜藏于 shenpa 中的不顺意。这种扰动的能量令人痛苦，于是我们便想办法要做点什么——吹牛、八卦、退缩——任何可以使我们脱逃的方法。若有稳定的心，我们就可以将这些对策看得一清二楚，不再用念头、情绪和行动来支援它们。

“像木桩一样安住下来”对我们所有人都是有力、有利的修行。

我们愈调伏自心，就愈快能认出“认同、不认同”的念头和我行我素的执著。即便事情超出控制，我们仍可停下来，避免火上浇油。

应当从各方面检查你自己，
注意恶念和每一个无意的言行。
菩萨道上的勇士，
应采取对治，保持稳定的心。

寂天菩萨告诫我们注意一切的冲动、念头和无用的伎俩；保持稳定，如木桩一样。至此便讲完了第一学处：摄律仪戒。

自第五十五颂起，寂天菩萨开始教导第二学处：摄善法戒。接着在第八十三至一〇七颂，则是第三学处：饶益有情戒。根据这些纲领修习学处，可以自痛苦中解脱。

以圆满和不退转的信心，
以坚毅、尊敬和礼貌，
以谦逊和谨慎，
平静地为他人的快乐而努力。

这是摄善法戒一般性的教导。我注意到西方学生有时对语业的善法畏缩不前。这里的善法是指培育与菩提心共鸣——而不障碍菩提心——的特质。即使在世俗的想法中，温暖和开放的心灵也是美德，是我们与他人联结——而非分开——的特质。虽然我们一直本有这些善法，但我们仍可以培育它们来促进这个过程。说来悲哀，我们对培育会障碍本初善的心态已十分在行了，但是，我们还是可以很容易成就善法。

善法的藏语为 gewa。gewa 的一般特质为不嗔害、爱和慈悲，寂天菩萨也列出信心、稳定、尊敬、有礼、谦恭、审慎、平静为其特质。其中一些特质需要多一些解释。

佛教中有多种信心。其中一个是“信有能”(eager faith)，我们都想减轻痛苦，当我们看到自己有能力创造乐因——而非苦因，我们会非常热切地去做。

另一个是“信实有”(confident faith)，来自对菩提心的信心。我们相信本初善就在自己的心中，珍宝即使被掩埋，也一直都在那里，而且我们所有人随时都可取得。当我们寻获它、滋养它、造就它，我们便有了信心。信心和热心携手合作，这就是寂天菩萨所指的信心，或说是 gewa：有信心自己做得到。

稳定是寂天菩萨提及的另一善法，这要在禅修中培育。无论任何情况——生病还是健康，疲倦还是警醒，处在有利的情况还是不利的状况——我们训练自己与当下发生的一切同在而且觉醒。有了信心和稳定，当经历各种心情和心态时，仍能与自己同在。

我们也为自己和他人开发尊敬和礼貌，这些良善的心态是温柔而无分别的：每一件事物、每一个众生都包括在内。

当我们保持正知时，自然是谦恭的。当我们看到自己多会反应、多不厚道，就会大大谦恭起来。这种痛苦的认知不会令人绝望，反而能开发菩提心的温柔。谦恭或谦卑，刚好与武装自己相反，它令我们善于接纳并倾听他人的话。

审慎代表勤奋和诚实。有了善法，我们可以平静地为他人的快乐而努力，我们会一步一步放松地前进，而不会疯狂努力。

愚痴众生因利益冲突而争吵，

让我们别为此而沮丧。

他们的念头都是出于矛盾和情绪，

让我们了解并善待他们。

第五十六颂说明我们为何需要积聚善法，因为善法使我们得以慈悲地彼此相处。愚痴一词，在此处并非贬抑之意，而是对人们出于无明，还在继续强化叫人受苦的习性，表达我们的关爱。

我们可能会被愚痴众生因利益冲突而争吵这句话冒犯。负面的能量非常有吸引力，将我们拉进去。寂天菩萨教导我们思惟人们为何如此，以降低这种能量。争执的人们是情绪的奴隶，他们并非有意生气或叫骂，而是像我们所有人一样，被排山倒海的烦恼淹没而随波逐流。如果我们也受困于负面的潮汐，那么我们不是也跟他们一样吗？与其被争执和嘲弄所冒犯，何不打破这种敌意的循环？谅解人们，不是更好吗？

一旦稳下心来，我们便能更诚实地看到自己如何被煽动，而像木桩一样安住下来有多难。所以当别人也堕入这个圈套，我们便能了解和并善待他们。正如换作我们若处于同一窘况，我们也希望得到别人这样的对待。一旦不再看轻他人或否定他人，我们就会认识到彼此相同之处，以心神交。

从事完美无瑕的善行，

不管是利益自己还是其他众生，

让我们永远记住，

我们是像幽灵般的无我。

我们也不要将“行善”夸大了。菩萨若自以为是“善人”，就有问题了。我们可质疑这种身份的实有性，并思惟佛陀的法教：像幽灵般的无我。然后，在从事完美无瑕的善行之际，我们可以修习“三轮体空”的法教，对作者、事相和后果都不要看得太严重。

无上珍贵的暇满人身，

等待这么久了，现在终于获得！

恒常如此思惟，

保持你的心像须弥山般如如不动。

寂天菩萨再一次指出获得人身的福报：我们得以听闻佛法、理解佛法，以转化生命。我们得到这无上珍贵的暇满人身之后，受到寂天菩萨的鼓励，莫虚掷此生。寂天菩萨说：要利用此一珍贵的机缘，维持正念和正知，训练自己清明的心像须弥山般如如不动。

第五十九至七十颂中，寂天菩萨说了许多有关身体的事。其中一些法门也许对某些人会比较受用。

我死后，喜爱腐肉的秃鹰，

四处撕扯我的尸体，

心啊！你从这个身体得到的乐趣很少，

现在为什么如此迷恋它呢？

过分执著身体，会障碍善法，对摄律仪戒和饶益有情戒也是障碍。为何如此？因为着迷于身体会令我们只顾自己，结果除了自己的需求之外，什么也看不见。

无论我们在身体上花多少时间，下多少工夫，也阻止不了死亡。也许注意饮食和运动可以延缓整个过程，但死亡也可能来得毫无警讯。真正的问题在于：既然生命有限，我们要如何过这一生？

心啊！你为何要保护这个身体，

将它看成你自己呢？

你和身体是各自分离的，

它对你又有什么用呢？

我们死的时候，身体是带不走的。你也许会问："如果身体是'我'，这怎么可能呢？"答案是：你和身体是各自分离的。因此，我们应视身体为短期租用，照顾它，保持清洁，而不要过分耽溺。尊敬身体，却不以为自己拥有它。

愚蠢的心啊！为何不守护那干净的，

以树身雕成的像呢？

为什么偏要保护和照顾

这一具制造污秽的器具呢？

在此，寂天菩萨强调人身的不净：它是一个会产生粪、尿、血液、血块的器具，不清理便会散发臭味，为何还如此执著呢？为什么不去执著新鲜干净的事物，像是以树身雕成的像呢？

在寂天菩萨的时代，这是一种例行的禅修方式，至今仍盛行于一些佛教国家，但对西方人却是极为困难的。我们对身体已经很嫌恶，因此，上师曾说，他不认为经教中的不净观——粪、尿、痰、血——在西方会奏效。但寂天菩萨并非想让我们讨厌身体，而是要破除对身体的依恋。

首先让我们运用心的想象力，
将表皮与身肉区分开来；
再用智慧的利刃，
从骨架上剔下肉来。

等到骨骼一一解剖完毕，
从表层皮肤一直观看到骨髓，
你应检视并质问自己：
哪里能找到“实有的东西”？

当我们愈来愈深入地观察身体的细部时，我们找得到我们在保护的事物吗？如果我们观想从表层皮肤一直观看到骨髓，要寻找身体里面实有的东西，找得到吗？对外在的执著，是以为身体为一可靠而相续的实体。但当我们深度探索身体的时候，能精准指出我们所依恋之物吗？

倘若持续寻找之后，
你仍找不到其中藏着实有的元素，
你为何还要如此珍爱——如此贪着——
你现在所拥有的血肉之躯呢？

你找不到其中藏着实有的元素，并不是指找不到手指甲或耳垂；我们找不到的，是可执著的有形事物。这就有问题了：那我们干吗还如此执著？我觉得这个思惟很有帮助。坐禅时，观想自己是个婴儿，接下来长成一个学步的小儿，然后继续成长，直到你现在这个年纪。思惟一下，这是否是同一个身体？然后观想未来，你的皮肤开始松弛起皱，头发变得稀疏灰白，牙齿动摇，听力减退，观想身体持续的变化，直到死亡。

若非早夭，这就是我们的写照——不管食用多少健康食品和维他命。我们无法避免老死，这样思惟身体可以令我们的执著大大动摇。

心啊！你不能吃体内的污物，
不能喝身上的血，
又不能吸吮内脏——
你能从它得到什么好处呢？

它顶多不过是
秃鹫的食物罢了。
人身唯一珍贵之处，

是为了用它修学善法。

第六十五颂中，我们见识到寂天菩萨的幽默，这是个八世纪佛教徒的笑话。我们为什么还看不出过分执著身体的愚蠢呢?

人身唯珍贵之处,在于如何运用它。没有这个身体,我们无从证悟;若是我们生活在对身体状况的恐惧和希望中，它就不会是协助我们到达彼岸的舟筏了。

无论你百般爱护身体，
但当无情无悯的死魔来临，
偷夺你的身体，丢弃给鹫鸟和野狗当食物，
你又能怎么办呢?

寂天菩萨在此引出了另一个重复出现的主题：死亡的确定性——在此处是指，百般爱恋终将离我们而去的事物，一点好处也没有。

仆人若已不胜任工作，
主人也就不会供给他衣食了。
你虽然纵容身体，它却终将离你远去——
你为什么还要这样辛苦呢?

仆从若是不工作，就不会得到物质的奖励。因此，既然知道身体有一天会停止作用，为什么还继续娇宠它呢？真正的问题在于“我最重要”。迷恋于自己的外表和感受，不但浪费时间，也令我们不再关心他人的困境。

> 既已付给身体合理的报酬，
> 就要它确实帮你做事。
> 对不能带来究竟利益的事物，
> 就不要施予它任何东西。

如果你做得到，你应该给身体合理的报酬——营养的食物、医药及其他所需——但在健身房花多少时间得拿捏好分寸。同时，我们也要认识到“反面的执著”，鄙视身体和宠爱身体都没有好处，同样也是一种散乱。

接下来仍是摄善法戒，将讨论日常生活中的正念。

> 将你的身体看成一艘船筏，
> 只是带你到各处的船筏而已。
> 把它变成如意宝珠，
> 为众生带来利益。

毫无疑问，这是重点。上师常常谈到尊重身体、注重生活细节有多重要。在香巴拉的开示里，他说吃得好、穿得好可以使人打起精神，发展对本初善的信心。然而，这与对外表充满自信和迷恋外表，两者是有细微差异的。意气昂扬表现出人的尊严，耽溺迷恋则是浪费生命。我们会渐渐清楚其中的分野。

以自由自在、无所束缚的心，
经常面带笑容，
不要愁眉苦脸，
做众生真实忠诚的朋友。

我们的面部表情有很大的影响力。若有人表情愠怒，便会影响到我们；即使那跟我们一点关系也没有，我们还是觉得倍感威胁。看到他人皱眉头，我们往往会觉得那是冲着我而来的。或许对方根本没有开口说话，又或许我们根本不认识此人，但我们还是会有被威胁、伤害或轻蔑的感觉。这听起来荒谬，却常常发生。

经常面带笑容恐怕不免极端，不过友善的表情比愁眉苦脸让人舒服多了。

不要轻率随便移动桌椅，
发出嘈杂刺耳的声音。
也不要粗鲁开门，
举止应谦恭。

如果与人共住，便有些重要的纲领需要遵从。我们若关心自己行为对环境造成的影响，便积聚了善法。例如汤尼·派克禅师带领的闭关禅修中，规则甚少，但会要求参与者保持肃敬，并以正念开门关门。

水鸥、猫和盗贼，
行动都是安静而谨慎的，

因此所求皆遂。

菩萨修行应当恒常如此。

你不会将盗贼、猫和水鸥视为榜样，但在说明如何专注而耐心地行动以达到目标时,它们倒是最佳范例。水鸥若行动太快,就捕不到鱼;同样地，我们若失念，连世间的目标都达不到，遑论行菩萨行了。

当他人的规劝不请自来，

若是善意的忠告，

就应恭敬谦卑地接受，

总是尽量向众生学习。

有时候，他人的反应是发觉自己盲点的唯一方法，尤其是这反应会冒犯到我们的时候。无论他人是居心不良还是有意助你，他们的回应让我们不得不面对自己原来不想面对的事。如果我们讨厌它或充耳不闻，那我们便永远看不到自己的盲点。

总是尽量向众生学习，但从究竟意义上来说，你是唯一知道自己困在哪里的人。

若他人说出至理佳言，

应赞美:“说得好极了！”

若看见他人行善积福，

应温暖随喜并鼓励。

这是教育孩子的好方法，也是对大人的忠告。他人往往从我们口中只听到批评，寂天菩萨鼓励我们该赞美时直须赞美，并注意表达温暖和感谢。

他人即使不在场，也应称说他的功德；
他人被人称赞，要随喜称说他的功德。
若他人赞美我的功德，
应感谢他人能够知晓这些功德。

我们若能随喜他人的长处，便走出了自我中心的世界，也拓展了对世界的视野。这是积聚善法的方法，同时帮助了自己和他人。

在此，寂天菩萨提出我们在接受赞扬时经常发生的问题。他人赞美我们时，我们若直截了当地接受，不骄傲自大，亦不拒绝相信，便积聚了善法。我们若感动于他人欣赏我们的善业，也积聚了善法。

一切善行都是为了使自他获得欢喜，
而这种欢喜即使有钱也买不到。
所以你应多多随喜他人行善的功德，
使之成为打你心底来的快乐。

这样随喜，不但今生不会有损失，
来世还会获得很大的快乐。
嫉妒的过患在于没有快乐，只有痛苦，
来世还会带来更恐怖的痛苦。

我们都希望快乐，而我们对快乐的渴望往往与行动相抵触：我们耽溺在酒瘾、药瘾中；我们责备他人，因为纠正别人的感觉很好。这样一来，我们不仅未促进自己的幸福，反而增强了致苦之因。所以，我们虽然都希望快乐，却难以找到快乐。

寂天菩萨说，有一个方法可以保证快乐，那就是随喜他人的优良特质。这不但可对治嫉妒，还可打心底带来快乐。我们一旦开始欣赏他人的仁慈和勇气，便会产生由衷的快乐。Dzigar Kongtrul 仁波切称此为“随喜疗法”。

说话诚实，前后连贯一致；
坦率正直，声音清晰悦耳。
远离偏颇、嗔恨、贪爱，
快慢适中而柔和。

正念的语行是比较困难的修行。说话诚实、前后一贯已经够难了，谦虚的言谈难度更高。Trungpa 仁波切下了很大的工夫让学生缓慢、正念又清晰地说话。这是一种很值得也很具启发性的修行。说话慢下来，会让人比较冷静，但也可能让人紧张，因为我们习惯于失念并快速地说话，慢下来令人备感威胁。

寂天菩萨鼓励我们温柔地说话，不带偏见。若是发觉我们的言谈原来存有那么多偏见，我们一定会难堪得想找个地洞躲起来。如果能在说话之前便认识到自己的分别心，就不会制造出那么多痛苦了。一旦发现自己有这样的情况，我们不必自圆其说或愧疚于心，也不必赞美或呵责，只消知道自己被逮个正着并保持沉默就好了。

> 见到有情众生时，
> 心中应想：靠着他们为助缘，
> 我才能圆满佛道，
> 因此应开放而慈爱地看待他们。

这会成为一个热门的话题：有情众生是我们的开悟之因，他们来找麻烦，我们学到安忍；他们感受痛苦，我们学到慈悲。无论他们引起我们什么样的反应，我们都可以使其成为成佛的因缘。因此，我们不再有嗔心，反而更具包容力；我们对苦难的众生伸出援手，不再自私自利；我们不再让嫉妒肆虐，而以随喜疗法训练自己。

> 以最积极的愿心修学善法，
> 以对治的法门努力调伏烦恼，
> 即可成就敬田、恩田、悲田的
> 广大福善。

只要我们维持初发心菩萨的热情，就是在下工夫对治烦恼了。经教上对治嗔恨的方法是安忍，对治嫉妒的方法是随喜，对治情欲的方法是不净观。运用这些法门可以干扰烦恼的冲力，我们于是积聚了福德。

寂天菩萨说有三种方法积聚善法：敬田，恩田，悲田。敬田是指智者，如我们认识或读到其开示的老师，这些有智慧的男女是唤醒我们奉献和尊敬的无上福田。恩田指对我们慈善的人，悲田则指一切受苦的有情众生。

有一种实用的方法是“三口法门”(three-bite practice)，用餐时也可进行。在第一口之前，稍停一下并观想有智慧的男女老师，在心上将食物献供给他们。这样，你便开发了奉献的善法。

第二口之前，稍停一下并将食物献供给对我们慈善的人，这便滋养了感恩的善法。第三口则将食物献供给受苦的众生：一切忍饥受饿，受尽折磨和漠视，得不到安慰和友谊的人和动物；也观想所有在害心、贪心和冷漠中受苦的人。这种简单的方法，可唤醒我们的悲心。

这样一来——靠着我们的老师、有恩之人和需要帮助的众生——我们便积聚了奉献、感恩和慈悲的善法。

具有信心并善于取舍，
即是恒常修习善法。
一切行为，
都不会让他人计较。

在这摄善法戒的最后一颂中，寂天菩萨说，当我们理解业力的连锁反应之后，我们便会智慧行事，不再堕入人比人气死人的陷阱。要做菩萨，好强——希望比别人好，害怕比别人差——是一个缺点。我们为唤醒菩提心而训练自己，以获得快乐，并不是跟他人比谁的善法更多。

布施等六波罗蜜，

必须循序修习，使其重要性逐渐增加。

微小的德行绝不能取代重要的德行，

而且利他才是最究竟的目标。

六波罗蜜是布施、持戒等。寂天菩萨在第八十三颂中说，六波罗蜜应循序修习，每一项都应建立在前一项的基础之上：布施是持戒的基础，其他以此类推。但一切波罗蜜的最究竟的目标仍是利他。这即是第三学处饶益有情戒，寂天菩萨在第八十三至一〇七颂中作了说明。

既然明白了上述的道理，

就应积极利益众生。

眼光深远的大悲上师，

因此开许遮戒。

在大乘法教中，若要促进他人的幸福，不能仅止于遵从一套道德规范或避免某种行为。当然，有些时候某些禁止的行为——妄语乃至杀生——也许必要，以防止伤害发生，但没有固定不变的见解。唯一的指导方针是适时适地利益众生。我们必须自己弄清楚其中的奥妙，如此也许我们才会了解，寂天菩萨一再强调要调伏自心的原因。

饮食适量，

并与持戒的修行人均享。

对于堕落恶趣的极苦众生，

除了三衣以外，其余都要布施出去。

菩萨的行动纲领是：勿过分耽溺于世间事物，要与每一位众生分享，甚至慷慨布施给堕落恶趣者。大部分的人对待没有防卫心的人会比较仁慈，但对为非作歹的人就很难如此，然而这些人也需要我们的慈悲心。佛陀教导我们，因为每一个人都会感得自己行为的后果，残暴和恶意的人将收获最痛苦的果实。

寂天菩萨告诉我们，要没有限制地布施，甚至对伤害别人的人也要如此。除了三衣，其余都可以布施出去。我猜想在某种情况下，连三衣也可以给！

此颂也可以从另外一个角度来看：想一想众生做了什么令他们下地狱，同时将自己所有之物全部布施出去，献给看似躲不过痛苦的恶趣众生。在我们尚未将烦恼和分别的习气处理好之前，我们的菩萨初发心便在这些关键处挑战我们。

适合修行正法的人身，
不要为了区区善举而损伤。
若时时记得这项忠告，
众生的意愿很快便能圆满实现。

在此对身体的看法有所转换了：不要为了区区善举而损伤，我们应该好好照顾身体，才能长时利益众生。

在悲愿尚未清净圆满之前，

不应随便施舍自己的身体。

但无论在今生或来世，

舍身应只为了成办究竟利益。

菩萨不应尚未考虑周详便舍身饲虎，然而他们可以为了成办究竟利益——也就是完全觉醒的目标——而献身。

遇到心态不敬，

喜欢模仿病人包着头巾，

手持兵器棍杖、态度傲慢的人，

不宜对其宣说佛法。

根据寂天菩萨时代的印度习俗，此颂及下两颂所形容的情况是不敬的。菩萨应该按照当地习惯而采取行动，不做不合宜的事。换句话说，菩萨能融入社会，按文化规范行事，而不是我行我素。菩萨最好是隐形的，没人知道你是菩萨，你只是默默努力觉醒并利益他人。

对智量浅狭的人不说深广的佛法，

出家人也不要对无人陪伴的妇女说法。

应根据各人根性及修行，

宣说深浅合宜的佛法。

不该用粗浅的佛法，

教授能够容受深广佛法的利根。

也不应舍弃根本的菩萨戒行，
用经咒来欺骗世人。

在今日，比丘对无人陪伴的妇女说法不是问题。但在寂天菩萨时代的印度，这是令人震惊的。所以入境随俗，这是菩萨的另一纲领。

要以听众听得懂的方式来说法。对于只想混过这一天的人，不用教导高深的佛法。然而对于有能力听闻高深佛法的人，绝不应保留、退缩。

说法时不要让人觉得乏味；同时也绝不舍弃基本的法教，如摄律仪戒、饶益有情戒。别在人们因缘条件具足以前，夸示你对经教和真言的知识。

吐痰和丢弃洗牙木时，
应顺手掩埋起来。
也不可随便把屎尿等秽物，
倾弃在路面与水源。

宗萨钦哲仁波切对这一颂的回应是："直到今天的印度，人们还是不听寂天菩萨劝！"此颂和接下来的五颂中，寂天菩萨忠告我们要饶益有情，便须注意生活上的一切小节。

进食时，不要啧啧作响，
也不要塞得满嘴都是。
坐时不要伸出双脚，

也不要粗鲁地对搓双手。

不要在马上、床上与坐榻等地方，
跟别人家的妇女单独相处。
所有你看到或被告知会使世人觉得冒犯的行为，
都应该避免。

指路时，不要粗鲁地单用一个手指，
而应该恭敬庄重，
伸出整个右手——
指示道路应该用这种方式。

切莫粗鲁地大幅挥动手臂。
谦逊地表达自己的意思，
轻轻地出声或弹指，
否则，仪态便显得不庄重。

睡眠时，应如佛涅槃的姿势与方向，
朝着希望的方向右侧而卧。
入睡前，应保持正念并决意：
醒后立刻起身。

第九十六颂中，寂天菩萨建议对睡眠和起身保持正念。你也许右掠而卧，如同佛陀进入涅槃的姿势。不过重点在于不要失念地倒头就睡，也不要失念地起身。

经说：菩萨的行仪
无量无边，
在佛道成就之前
要尽力实践这些净心修持。

每天早晚，应各念诵三次
《三聚经》经文，
并仰仗诸佛菩萨，
悔除根本罪以外的各种犯罪。

菩萨的行仪不受拘谨的道德教条的限制。只要能够鼓励人们自己救度自己，只要能止息痛苦，我们就竭力去做。因为这其中有无限的可能性，所以若有一本指南会很有帮助。在本颂和下一颂中，寂天菩萨提供了一些建议。《三聚经》由史蒂芬·巴彻勒（Stephen Batchelor）早年为比丘时译成英文，书名为*The Sutra of the Three Heaps*。在一些寺院中，比丘尼和比丘一日念诵此经三回，这样一来，他们便对自己受困之处和造成伤害之处了然于心，从而重新开始。

因此无论何时何处，
为自己或为他人，
都应努力修学
适合机宜的教法。

如果我们背诵了寂天菩萨的偈颂，就会发现它们会适时浮现于心。这就是适合机宜的教法。一旦我们将书本上的佛法落实到日常生活中，佛法就活了起来。

经中所说一切学处，
佛子都应努力修学。
这样遍学一切学处，
每一身语意行都不会缺乏福德。

我们最好加入人群而不离群索居，初发心菩萨以参与人群来训练自己。在六道的图画中，佛陀并非置身于一个小气泡中或是由上往下俯视，他是站在每一道——就在地狱和其他道的中央。

Trungpa 仁波切亲身印证了这一条。他喜欢视一切事物为开悟的过程，像是书法、电影制作、诗文、花艺、茶道、射艺、马术、戏剧、摄影和舞蹈。虽然他以寺院的转世仁波切身份长大，但他会制鼓、镀金、唐卡绘画和雕塑。他一点也不惧怕最困难、失控的情况——事实上，他最爱这种情况了。

不管是直接或间接，
一切作为都必须利益众生。
只有为了利他，
一切行善的功德才得以回向无上菩提。

这段话间接的意思是，我们以调伏自心及烦恼来利益他人。直接的意思则是，有人需要帮助，我们便伸出援手：我们布施、关怀病人、教他人佛法。然后我们献供出自己为他人福祉所做的一切，如第三品所述。

> 我宁舍身命，
> 也永不舍弃
> 精通大乘教义、
> 持守菩萨律仪的善友与善知识。

虽然我曾提及大乘，这却是寂天菩萨首次使用此一词语。大乘的梵语为“摩诃衍那”(Mahayana),“摩诃”意为大,“衍那”意为车乘。大乘佛法——盛行于中国、韩国、日本、蒙古——是菩萨道，重视慈悲、空的智慧以及诸法无自性。大乘佛教鼓励我们拓展视野，我们可以开放心灵包容更多的众生，而不困在自我意识当中。

在这条修道的路上，老师的角色非常重要。我们需要完全觉醒的榜样，或在这条道路上比我们走得更远的典范。也就是一个心不固着之人，一个在胁迫下也仍保持平静和仁慈的人。

亲近善知识能学到的比书本上还多。我虽然很少与 Trungpa 仁波切单独相处，但那些时刻，我至今记忆鲜明。和伟大的老师如第十六世大宝法王噶玛巴和顶果钦哲仁波切相处时，也是一样。我从他们的行为中学到一切：他们的语行、进食、与人相处。因此寂天菩萨说：我宁舍身命，也永不舍弃……善友与善知识。

因此你必须亲近善知识，应该依照
如《华严经·吉祥生传》所说的侍师原则，
以及佛所宣说的其他教法——
这些大乘经典一定要研读。

这里提到的传记，告诉我们将善知识视为优秀、值得信赖的医生。当我们被生死轮回之心弄病了，法教是我们最好的医药。消化善知识的教导并付诸实行，我们会恢复本初的健康，重获力量并觉醒。

经藏广泛宣说菩萨学处，
故应披阅大乘经典。
其中，首先应当研习
《圣虚空藏经》。

《一切学处集要》
详细而广泛叙述了
菩萨所应修学的行仪，
故应再三研习。

偶尔也可研习简要的
《一切经集要》。
如果行有余力，不妨再研习
龙树所造的两部同名的《学集》和《经集》。

不幸的是，这些经论都很难找，有的也没有翻译成英文。然而，还有其他的经教可以鼓励我们，让我们不致迷路。遇到困难时，读佛法书或听一卷录音带，都会令我们保持清醒。

凡经论中没有禁止修学的学处，
都应该努力学习并实践。
这样，就能促成
并维护世人对三宝的信心。

既然我们没有这些经论，我们可以放心地说，只要寂天菩萨在《入菩萨行》里没有禁止的，我们都应该努力学习并实践，来维护世人对三宝的信心。

应时时防护
意行与身行的状态和行动——
单单如此
守护正知的要义都在其中了。

寂天菩萨再回到调伏自心来总结这一品。在日常生活中，我们可以一再修习正念与正知，知道自己何时散漫，然后温柔甚至喜悦地，回到当下。当烦恼开始钩上我们了，我们总是可以从事这些高贵的修行，像木桩一样安住下来。

这些学处需要身体力行，

光是嘴巴上说说能有什么利益呢?
病人若只阅读药方而不服药,
疾病怎会有起色呢?

如果我们只是根据书本，光是嘴巴上说说，什么也改变不了。除非我们愿意适时适地应用寂天菩萨的法教，否则，我们的心仍将狂野，我们仍将受制于烦恼。

第六品（上）| 安住其心

《入菩萨行》第六品继续针对与烦恼短兵交接时如何安住其心，给予进一步的指导。在本品中，寂天菩萨提出安忍（patience）波罗蜜为处理嗔心（anger）最有效的方法，从第一至十二颂中，他提出了对治这种强大烦恼的方法。

千劫以来所积聚的
布施或供养诸佛等
福德善根——
一念嗔心就能摧毁无遗。

每一个人都知道，嗔心具毁灭性。寂天菩萨为了强调其影响之大，作了一个陈述，大概会让好几世代的读者都感觉不安：一念嗔心起，能破坏许多劫的德行和善行。

我们可以想象一个场景：原本和谐的人际关系里，不愉快的事情突然爆发。前一分钟彼此还互相友爱、充满情谊，下一分钟某个人忽然失控，出现行为或语言暴力，将几个月累积下来的福善都一扫而空。就算事后道歉，彼此也要花很长的时间才能重新建立信任。所以即使一念嗔害心，也影响深远。

我们可以顽固地多生多世坚守嗔心，许多家族反目或种族对立可以延续数世纪。我认识一对兄弟，两人比邻而居，却有二十五年彼此不说话。这就是寂天菩萨所说的：我们纵容嗔心，也执著嗔心，一直不愿检讨。

我们一旦认识到嗔心将引起不必要的痛苦，便已经开始削弱它摧毁长年善心的力量了。这就是寂天菩萨希望我们了解的重点。

我们内心似乎都有某一部分是很难改变的，因而引起苦恼。如果我们习惯性地生气，那么探索嗔心就成为唤醒菩提心的主要工作。寂天菩萨主张，我们每一个人都有从烦恼暴君底下解放出来的能力，无论我们做过什么，没有一个人是注定无法改变的。

但是，一念即能粉碎的福德善根是什么呢？会迅速瓦解的福善是肤浅的：肤浅的布施行为，肤浅地向佛陀献供。这些福善都不能从核心转化我们。幸好，内心基本的改变是不会失却的。

仅靠仪式上的善行所得来之功德，可以轻易因暴怒而摧毁无遗。举例来说，在亚洲，信徒贡献金钱造庙是很普遍的事。但如果这种布施只是外在表现，不过是想获得功德，那么它反而是在滋长“我最重要”的心态。你可能是呼风唤雨的生意人，做着各种见不得人的勾当，还以为自己在累积功德呢！这些肤浅的行为，虽然也会有某些善果，却很容易被震怒的力量所摧毁。

若你怀着嗔害心待人接物，世间人们看你就是个有嗔害心的人。

也许你仍不时微笑并慷慨布施，但如果你经常发脾气，人们在你面前绝不会感到自在，你的心也不可能得到平静。

没有一种罪过如嗔恨那样具毁灭性，
没有一种修持如安忍那样难行。
所以应精进修习安忍，
热切地以各种法门训练自己。

第二颂总结出本品的主题：安忍的利益和嗔害的祸患。具毁灭性一词，潜藏的意义是有意造成伤害，并乐在其中。正如寂天菩萨所言，没有一种罪过如嗔恨那样具毁灭性，因为嗔心发作会变成对压力和不适的惯性反应。寂天菩萨热心地鼓励我们减少旧习气，而不要继续加强它们。

一位西藏上师说，有些时候愤怒是合宜的，但仇恨永远找不到好借口；因为愤怒可能出于慈悲，但仇恨总是出于恶意。我发觉这个区分很有帮助。

然而，我们有时会被仇恨所吞噬。寂天菩萨建议我们修持安忍来处理这样的时刻。他说“没有一种修持如安忍那样难行”这句话很重要，表示我们在避免烦恼升温时，是需要勇气的。

若内心充满嗔恨热恼，
便永远不能明白宁静——
对欢喜的心情也永远陌生，

睡不着，心烦气躁无法平静。

大部分人对一件事情生气的时候，会狂热地惦记着它，晚上不能成眠，内心也得不到平静。

有几种方法可以处理这种情况。首先是注意嗔心在身体中是什么感受。我们很少注意嗔心引起的生理痛苦，我们若注意到这样的痛苦，便会激励我们更积极处理嗔害心。

我所建议的另一项修习，需要在禅修中进行。如果你曾生起嗔心，就刻意将此一事件在心中重新上演一遍。注意你的感受和念头，它们会挥之不去而一再出现吗？它们会加深怨恨或批判吗？然后一方面温和地呼吸，一方面将嗔怒的感受作为禅观的所缘境，全心全力注意它，不为转移焦点而压抑它或表现出来。努力以非语言的方式体验这嗔心。它是什么颜色？什么温度？嗅起来、尝起来如何？这一项修习能令我们直接感受情绪，减少挣扎。

另一项我觉得有用的修习，是与自己的柔软地带同在。嗔心底下是无尽的温柔，我们大部分人却迅速以愤怒的刚强覆盖上去。学着去碰触那柔弱并不容易，但这样一来，你可以不致爆发情绪并摧毁眼前的一切。

若施主仇恨易怒，
甚至会被仰赖他施舍
尊重和财利的受施者，
攻击杀害。

嗔恨令人众叛亲离，

即使多所布施，亲友也不愿亲近。

嗔恨的人没有欢乐，

也不会得到快乐和平静。

这是证明愤怒摧毁一切福善的好例子。若这位施主仇恨易怒，就会招致众叛亲离——这是指施虐的老板、父母和配偶。他们使每个人——仰赖他们得到衣食、晋升和福祉的人，甚至他们的子女——心生害怕。如果你曾处于这种人际关系之中，你便会了解，若不感谢他们所提供于你的事物，将会更加激怒他们。由于他们脾气火暴又天威难测，纵使偶有友善和慷慨布施的表现，也不能取信于人。他们看不见嗔心如何摧毁了信任和尊重。

寂天菩萨鼓励我们去了解，施虐的人不会有喜悦平静的心。他们认为自己生气有理而一手毁了自己的幸福；他们期望某些人能爱自己或尊敬自己，结果这些人反而最嫌恶他们。

然而，重点并不在于观察施主，而在于认识我们的嗔心以及嗔心如何伤害自己和他人。

嗔恨招致各种过患，

它是制造忧悲的仇敌。

但只要捉住嗔心消灭它，

今生和后世定将获致安乐。

下次我们觉得生气有理时，如果我们想到它是制造忧悲的仇敌，也许就能不再火上加油。当然我们不会真的去捉住嗔心消灭它，这句话只是更清楚地指出我们必须不懈地努力。

寂天菩萨提出的忠告，可以疗愈一个普遍的困局：被愤怒钩绊并随它驱动。我们修持，不只为自己，也是为所有人类。我们不再视自己为愤怒或有问题的人，反而更加了解那些努力疗愈这普世疾病的人。从此，我们勇气十足，不再有烦恼。

我得到的是我所不想要的，
我想做的事情又百般周折——
就会让我心生痛苦；
嗔心从此生出，跟我作对。

所以我应彻底摧毁
滋养嗔心的各种因缘，
嗔心这个敌人
只想带给我伤害与仇悲。

什么会触发我们的嗔心？根据寂天菩萨的说法是，我们得到的不是我们想要的，但想要的却又得不到。如果我们太过投入于喜欢和不喜欢的惯性反应，小小的反应就会升温为暴力和战争。当我们过于在意自己不想要的事物，或是得不到真正渴望的东西，我们的念头会跑来强化这种感受，加深我们的愤怒和痛苦。

毁灭性的嗔心从细微的 shenpa 开始，这是一种事情不按我们期望的方式进行所产生的不顺意感受。最好在它升温之前，便认出这种不安。然而，假如我们已经生气了，还是可以诉诸安忍，不采取行动或不发言。在痛苦开始升温时下一道禁令，永远不算太迟。我们在过程中的任何一点都可以停下来，修习安忍。

Trungpa 仁波切尝言，像嗔心这类情绪生起，我们应该视其为“非我”(not me)，想象它如一只小虫在你身上着陆。如果你开放而不存偏见，小虫便无处栖身。寂天菩萨以不同的话语，说的是同一件事，嗔心不是“我”，只是动态的能量。我们若不以为嗔即是我，这种能量便不会固着。要是它凝结成“想要”和“不想要”，我们简直就可以预测会发生什么结果——这将令性善的我们受苦。

> 因此，不管遭遇什么逆境，
> 都不应该扰乱欢喜的心情。
> 抑郁不乐不但无补于事，
> 反而使人偏离并毁损有益的善行。

寂天菩萨以他一贯的热情风格，激励他自己：不管遭遇什么逆境，都不应该扰乱欢喜的心情，这种欢喜是感到事情大有可为。我们的生命和内心是可以改变的，寂天菩萨的用意是帮助我们认识到这一点。

他之所以感到欢喜，是由于他知道一味沮丧和不满足是不管用的。这个教导是为了让我们不再气馁，也就是无论情况多么令人不愉快，我们都必须停止编造戏剧化的情节，重新回到直观的经验。安忍是学着在紧张易怒的能量中放松。

> 若事情尚可转圜，

何必沮丧呢？
若已于事无补，
忧恼又有什么用呢？

寂天菩萨教导我们在嗔心的高热前站开些，不要涉入。举例来说，如果我们堵在车阵中，生气有什么用呢？如果有解决之道，像是开出车流道，你自然无须生气；但若放眼望去尽是车流，没地方出去，执意生气只会使自己更不快乐。

如果事有可为，就去做；若是什么都做不了，那么一味地愤怒是很荒谬的。这是寂天菩萨给我们的减压忠告。

我不希望
自己与所爱的人，
遭受痛苦、轻视、侮辱、非难。
但对敌人却刚好相反！

寂天菩萨虽然在第八世纪的印度寺院传授这些教诲，但有些情况直到如今也从未改变！他又提出另一个会增加嗔心的情况：我们不希望自己或所爱之人受到侮辱，但当坏事降临到我们不喜欢的人身上的时候，我们却额手称庆。这两种极端都会点燃嗔火。

快乐的因素很少，
痛苦的因缘却非常多！
然而没有痛苦就不会想要解脱，

心啊！你要坚忍啊！

第十一和十二颂需要合在一起看。我们有智慧了解到自己之所以受苦，是因为我们抗拒痛苦，却希望他人受苦。如果我们仍抱着这种只顾自己的心态，那么快乐的因素会很少，痛苦的因缘却会非常多！

对嗔心重的人来说，受苦的因缘举目皆是：与人相处，很容易受到冒犯；年龄愈长，神经愈过敏，让他们不称心如意的情况愈来愈多。幸好这是可以改变的，当内心不再产生惯性反应，快乐之因就会开始增加，然后同样的状况就不再能惹恼我们了。

我们绝对应朝着这个方向努力。想想十年后，我们想要的不正是少些苦因、多些乐因吗？

寂天菩萨接着又运用另一技巧：痛苦也可能对我们有所帮助。若没有痛苦，我们绝不会想要解脱。若没有痛苦，我们绝不会想找出路，也绝不会想调伏自心或修习安忍。这样乐观的见地可以振奋我们。

有关嗔心的过患以及为何要以安忍来对治等，寂天菩萨以第十二颂来作总结。

接下来，他解释安忍的类别。第一类安忍来自重新看待身体不适，第二类安忍来自了解任何一种情况都有其复杂性，第三类安忍来自发展容忍。

伽那巴地方的人对女神非常虔敬，
能忍受灼烧和割身等
无意义的苦行。
我寻求解脱，为什么反怕受苦呢？

从第十三颂开始，讨论对身体不适重新调整心态，我们都需要这类鼓励。一旦我们能够避免烦恼升温，接下来呢？我们这样的修行者需要一些忠告，告诉我们如何使紧张易怒的能量稳定下来。我们也许不随便表现出来，我们也许阻止了念头，但接着我们必须清醒地处理中止烦恼后的病症。在这样一个对身心痛苦的容忍度都很低的文化中，思惟如何开发安忍是饶有兴味的。

我们常被各式各样的广告淹没，说我们应当享有舒适和快乐。但请相信我，修持安忍一定会受苦的。至少，烦恼以及潜藏其下的掉举散乱能量会更明显、更鲜活。正如我曾说的，要自旧习气中解脱出来，不可能不经过“排毒期”。

伽那巴地方的人能够忍受割身和灼烧的痛苦，以追求灵性上的洞察力。如果他们能忍受这样无意义的痛苦——在寂天菩萨看来，无意义是指这样做不可能得到不退转的解脱——我寻求解脱，为什么反怕受苦呢？

我们之所以犹豫，可能是因为我们不确定结果会如何。修行道路的果实难以言语形容，也不会立竿见影。耐心地处理烦恼，可能会令人非常不愉快。一旦“我最重要”的心态被刺穿，我们可能知道这是欢喜的因，但内心还是会觉得难受，而且不喜欢。我们之所以愿意忍受生活的艰辛，诸如高压力工作等，只是因为有薪资或其他的奖励。

然而，寂天菩萨警告我们，不要因舍弃旧习气的不适而气馁。他对我们有不动摇的信心，我们一定可以不再做烦恼的奴隶，一定可以体验到内心开放、无分别的本质。他也知道我们必须亲自去发现，而且如果每次遇见困难便放弃，那就永远也做不到了。

经由习惯与熟悉，

任何事情都会变得比较容易适应。

我要训练自己习惯忍受小伤害，

一旦大难临头，自然能够承担。

寂天菩萨鼓励我们，莫因路上所遭遇的痛苦而熄灭热情之后，这里又提供了更多善巧处理不适的忠告。第一个教导是重新看待我们的痛苦，视其为正面的启发。

他说，即使在最艰困的情况下也要安住当下。因为一旦大难临头，是不可能训练安忍的，所以他指导我们从小伤害开始。若能对小小的冒犯和烦厌修习安忍，我们就可以在挑战日益增多之际保持冷静。同样地，若能熟悉烦恼初生时的不安和细微的嗔心，一旦烦恼变大时，仍然可以智慧地处理。

宗萨钦哲仁波切称小小的不方便为“中产阶级的痛苦”(bourgeois suffering)。在我们抵达最喜欢的餐馆时吃了闭门羹，或者当我们订机票划了靠走道的座位，结果竟分到中间的位置，在这些时刻我们都可以练习安忍。在下面两则颂文中，他劝告我们，不要在遇到虫咬、饥饿或恶劣的天气等中产阶级式的痛苦时娇宠自己。娇宠只会增加麻烦，连小事都会变成大灾难。经由修习安忍，我们可以在比较容易处理的阶段减轻负面心态。

我早已习惯，忍受生活中的——

蛇咬、虻蚊叮，

饥饿与口渴的感受，
乃至于生疥疮的病痛。

面对寒热风雨等天气变化，
疾病、系狱和捶打等较大的痛苦——
我也不起烦恼。
否则只会给自己惹来更多麻烦。

人类很擅长将事情愈弄愈糟，我们太长于此道了。寂天菩萨展示了我们如何练习安忍——而非练习娇宠自己——来改变这项特质。

譬如有些人看到自己流血，
反而增强了勇气；
另外有些人，只是看见别人流血，
也会惊慌无力，甚至昏厥。

这是由于心态的差异，
有的人坚毅，有的人怯弱。
因此我们不要把伤害放在眼里，
不要在意任何困难。

我们对世间事的直接反应，源自许多过去的经验、个性及各式各样的因缘。在此援用寂天菩萨的例子，看到血会使一个人昏倒，却会令另一个人更加坚强。

此处的重点在于，勿将相对的反应误认为绝对的真理。如果看到血令我们不快，我们实在不能怪罪血。使我们快乐或不快乐的，并不是发生在我们身上的事，而是心态的差异。令我们受苦的是我们对于事情所抱持的想法。这是另一个重要的讯息：编造故事情节，只会增加我们的麻烦。

智慧的人纵然受苦，
内心仍然宁静，不受扰动。
他们在与烦恼的战争中，
每一场战役都会遭遇很多困难。

Dzigar Kongtrul 仁波切说：重新看待修道途中的困难，好比打针的痛，我们会高高兴兴地接受针剂，让病好起来；同样地，我们不会因为逃避烦恼会带来的短期不适，而打消对治烦恼的念头，因为我们知道烦恼唯有对治清除，才不会在日后引起更多的痛苦。这样策励自己之后，即使在最悲伤的时刻，我们也能慢慢学会放松，保持清醒。

全心全意想着要斥退一切痛苦，
并击败嗔心等烦恼敌：
这些是征服者勇士的功勋。
其他人只不过在砍杀尸体而已。

在一般战役中，士兵只会杀死那些像我们一样迟早会死的人，这即是寂天菩萨所谓的砍杀尸体。然而，他们从此增强了嗔害的习气，而这习气将比任何敌人都持久。

最伟大的男女勇士，并不是那些出于仇恨而战、陷于是非对错偏见中的人，而是以安忍面对艰难，对抗愤怒、成见和战争来赢得胜利的人。寂天菩萨此处的用意是，没有比勇敢避免烦恼升温的人更值得尊敬的了。

寂天菩萨将觉醒需要勇气这一点陈述完毕后，现在对受苦一事提出积极正面的展望。

受苦也有益处。

忧悲可去除骄矜，

并对轮回众生产生悲悯；

令人不再作恶，乐于行善。

寂天菩萨引述受苦的三项利益：第一，受苦之所以珍贵，是因为可去除骄矜，无论我们曾经多傲慢或多谦逊，重大的痛苦都会使我们谦卑。重病或失去所爱的人的痛苦，都会转化我们，减少我们的自我中心感。

受苦的第二项利益是同理心：对轮回众生生起悲心。我们个人的痛苦，使我们对于置身同一状况的人生起悲心。一位年轻的女士告诉我，当她至爱的小宝宝死去之后，她感到与所有失去子女的父母有了深刻的联结。据她的说法，这是忧伤中得到的意外祝福。

因为悲伤，我们认识到每一个人都处于同样的困局。我们都受困于烦恼，都不断阻碍着自己的本初善。在此，寂天菩萨对每一位流转生死的众生都流露出悲心，尤其是对没有兴趣寻求解脱的人。

受苦的第三项利益是令人不再作恶，乐于行善。我们若依照寂天菩萨的指示来修行，会更加通达因果运作。根据这样的理解，我们便得以减少作恶的习气，更想要去积聚善法并饶益有情。这即是我之前提到的“信有能”。我们热切地想过一种生活，去除烦恼，不再忧伤，增进慈悲、智慧和快乐。

这就是受苦的三项利益：使我们谦卑；使我们对身处同样状况的人生起悲心；因为我们开始明了业力的运作，所以只要有办法减轻痛苦，我们就绝不再去加重它。

这样便结束了第一类安忍，这类安忍是来自重新调整心态，视困难为道途。

第二十二至三十三颂提到的安忍是来自看到情况的复杂性。只要我们发现自己被烦恼钩绊，就可以当下应用这些教示，提醒我们在压力下保持平静。

> 我并不会嗔恨我的胆汁、体液等——
> 这些是痛苦的最大来源！
> 那么为何要嗔恨有情众生呢？
> 他们也是由类似因缘促成的受害者呀！

为什么我们因无生命的事物受苦时——比方说疾病——不会生气，而当他人造成我们的痛苦时，便立即感到怨恨？

若是一截树枝打到头，我们会假设它是从树上落下，揉一揉头就算了。但若是有人故意丢来那树枝的话，我们会怎么反应呢？此人是习气的受害者，而我们也是类似因缘促成的受害者，如此思惟能令我们冷静下来吗？

若没有开始处理自心，我们便一直为情绪所统治；只要我们不能控制自心，情绪便掌握了主导权。当我们对他人生气时，我们应该思惟：他们和我们一样，做出这些行为必有复杂的原因，至少是被情绪所掌控。有时候，我们会觉得气愤有理。然而，当别人伤害我们时，我们不妨问自己：为什么我不会对落下来的树枝生气呢？如果我们回答说："那人对我造成的伤害是有意的。"那我们可能要质疑一下自己的推论了。对所有人而言，不愉快的感觉是不请自来的，而且迅速将我们拉进去。我们若不了解这一点而继续随意表现情绪，将无可避免地造成伤害。

每个人都会堕入此一陷阱，着实悲哀。若对此有所省思，则会开发我们对众生——包括自己——的了解，而不是怨恨。

人们虽不寻求、不希望生病，
但疾病仍让我们痛苦。
同理，人们虽不想要、不追求烦恼，
但烦恼仍很快就不请自来。

我们虽从没想到"我现在要生气了"，
但仍不由自主地生起气来。
同理，虽没计划要感觉不耐——
不耐照样自然生起。

一个单纯的事件，诸如树枝落在头上，可能导致不同的结果：情绪爆发，轻松自在，甚或哈哈大笑。我们的反应，视那个时刻我们如何处理情绪。我们并非生来就有嗔心，嗔心也不是天生就要给我们体验的，然而一旦因缘和合，我们便陷了进去，并且心生散乱。寂天菩萨指出，安忍即是对治方法；精确地说，是一种因体谅目前状况的复杂性所生起的安忍。

一切大小过失，
各种各类恶行，
都是因缘所生，
没有一法是独立自主的。

第二十五颂谈的是同样的想法。生气的时刻是连续时刻中的一环，它并非与前面所发生的事毫无关系。我们的反应，是根据在这之前如何处理情绪而定，我们的未来则根据我们现在如何处理情绪而定。这是关键。

因缘一旦聚合，
它们不会去想现在要生起某种结果了。
而那被酿成的结果，
也不会去想它是由哪些因缘所造成的。

我们的反应，并不如自己以为是事先考虑好的。寂天菩萨再一次强调：它们之所以发生，是因为过去的因缘条件。

我有一次住在朋友家，朋友家中有一只狗不由自主地害怕扫帚。

将扫帚从柜子里拿出来扫地，那可怜的小家伙便意气消沉。虽然它现在不可能受到伤害，但它的反应仍是恐惧。你无法说服一只狗不要害怕扫帚，但你可以处理自心和你的恐惧。

我们都有我们的“扫帚”。我们可能永远无法得知，过去是什么事件引起我们现在的反应。但在这生气的时刻，你确实可以处理自心并开发安忍。我们不必花上一生的时间来建立一套说辞，说扫帚有多坏或者情绪有多糟。

所谓的“太初”，
所称的“我”，
都不会自主地想到
“我将要生起”。

一法若尚未现起，就是尚未存在，
还可能产生什么结果呢？
它若是永远向某个目标发展，
就永远都这样发展下去，无有止境。

真的！倘若“我”是恒常不变的，
就像虚空一样的静止了。
它既是不变异的，就算遇到其他的外缘，
又怎会受影响呢？

一法若现起了，又如从前一样恒常不变，

行动会对它有什么影响呢?

如果说影响的是“我”,

那么“我”与影响之间又有什么相关呢?

这一段是驳斥当时某些非佛教的思想。某个学派主张信仰“太初”(primal substance),另一个学派主张信仰“梵我”(atman)或“我”(Self)。总之,这些信仰有一个绝对不变的原则,近于“灵魂”或“上帝”的观念。

我们渴望确定性,希望有一件事物可以执持。所以如果相信在万事万物之下有一永恒、外在的实体,将令人非常安心。我们虽然怀着希望和恐惧,演着相对层面的戏剧,却深信相对层面之下是没有迷惑的,是纯净、不变、不动的。

然而,佛陀驳斥这样的见地。没有一件事物是不变或分离的。外在、永恒的实体观念,是寂天菩萨所不同意的。

但是他并不安立另一个信仰。假如我们说“诸法皆空”,寂天菩萨也会驳斥的。他的用意是釜底抽薪整顿任何固定的见地或实体的思考,为我们指出内心不可思议的开放性,没有被概念化的心。

本颂与日常生活有什么关系呢?我们应停止造作更多的概念,别陷在有一个不变的自我、他人或任何事物的想法中,别陷于易生嗔怒的固着思考中。

寂天菩萨辩称,任何固定或永久实体的信仰都不能成立。如果事物真是这样,那么还没有现起的,就可能永远不存在;如果已经存在,而且向某一方向发展,就永远会如此发展下去。换句话说,如果事物像我们以为的那样是固定的,就没有改变可言了。

因此，一切法都有赖其他法和合而生，

没有丝毫独立自成的能力。

明白这个道理之后，

就不会受一切如幻如化的法的烦扰了。

前面两行，寂天菩萨再次说明，一切事物都是复杂因缘下的结果，没有一件事情是独立存在的。次两行，他教授空性，没有一件事物如其表象那样永远存在，而我们却有如做梦之人被梦中的对象所烦扰。一旦有此体验，纵使极为短暂，也可以看到我们陷自己于狂乱有多么荒谬。

在经历排毒的痛苦期间，思惟诸法无自性的法教非常重要。

你可能会说："去除嗔是讲不通的，

因为由什么人来去除什么呢？"

安忍可以止息痛苦之流，

所以想修习安忍并没什么不对。

以寂天菩萨对空性的推理，我们可以质疑："如果万事万物只是魔幻的表象，那么修习安忍有什么用？"但寂天菩萨不接受这样的反驳，他说以修习安忍止息痛苦，没什么不对。他放下哲学的争论，直指要点：我们不能用空性的推理（emptiness logic）主张修行无用，正如不能用实体性的推理（solidness logic）主张苦会继续。

因此，当怨敌或亲友
做出不合理的行为时，
我们应心情平静并思惟
一切法皆是众缘和合而生。

此处我们感受到寂天菩萨的慈心。他要求我们心情平静，无论怨敌或亲友做出多不合宜的行为，别火冒三丈，固执己见。在这个情况下，要思惟对方之所以做出这种行为，原因并不单纯；要保持平静，并修习安忍，知道这必定是从各种不同的因缘而生起的。

这便结束了第二类安忍——知道各种情况中复杂的真相而生起的安忍——的讨论。第三十四至五十一颂探讨第三类安忍：开发容忍度而生起的安忍。

若世事皆照有情众生的
希望和意图发生，
他们怎么会有忧悲呢？
因为没有人想要痛苦。

佛陀说众生皆趋乐避苦，寂天菩萨问，如果真是这样，为什么我们还会做出疯狂的事呢？他前面曾经指出，我们希望安乐，努力的方式却往往适得其反。在下列的颂文中，他提出几个尖锐的例证，说明我们的疯狂。

然而，由于不小心、不正知，

他们被荆棘所伤；
由于一心想娶亲并累积财物，
他们因此受饿、营养不良。

有人自缢，跳下断崖，
或吞服有害的食物或毒药，
或造作恶行，
自己害自己。

有人受到烦恼的驱使时，
会自杀身亡，杀死深爱的自我。
所以他们怎可能不是众生
痛苦的因缘呢？

感情冲动时，我们不吃不睡，还可能会破坏自己的婚姻或背叛所爱之人，却浑然不觉自己造成的伤害。我们甚至说谎、偷窃或自杀，好像为了得到快乐可以无所不用其极。虽然根据过去的经验，我们知道这样的快乐从不持久。如果我们这么想伤害自己，不难了解我们会怎样去伤害他人。

众生受烦恼之害，
甚至会自我毁灭。
我对他们就算生不出慈悲心，
至少可以不嗔恨他们。

我们必须对自己诚实。在我们行菩萨道的这个阶段，要求我们对不讨人喜欢的惹事者慈悲，好像有点过分。但我们至少可以不将嗔心发诸于语行和身行。即使我们对人类的荒谬挤不出一滴悲悯的眼泪，但只要不寻求报复，不造成他人的苦难，就算是对每个人最好的祝福了。

若凡夫像任性放肆的小孩，
天性就会伤害他人，
那么嗔恨他们有什么意义——
这不就像嗔恨火是热的一样吗？

若他们的恶行只是短暂而且偶发的，
若有情众生的天性本来清净，
那么嗔恨他们也不合理——
这就好像嗔恨天空有云一样！

第三十九和四十颂提出两个替代方案。我们若相信人性本恶，那为什么要对他们生气呢？为什么不接受他们就是会作恶，然后放下？生气就像嗔恨火是热的一样。

我们若认为人性本善，他们的过错只是短暂而且偶发的，那为什么要对他们暂时中止行善而生气？这种生气有如嗔恨天空有云一样。若是如此思惟，我们便会当场冷静下来，避免不必要的痛苦。

我个人实践寂天菩萨法教的经验是，虽然有些不适合我，但只要愿意停下——产生一个缓冲的空隙并换个档——总是有用的。

> 我若被棍棒打伤了，
> 我生气的是挥棒打我的人。
> 但挥棒者是受嗔心指使——
> 所以我该生气的是嗔心，而不是人。

此颂侧重于经由包容而开发安忍。我们如何培养不报复的意愿？寂天菩萨的方法是对人类困局培养柔软心。如果做不到，至少认识到嗔心会增加我们的痛苦；这样就像吃进有毒的种子，还奇怪为什么病反而益发沉重了。

要阻断嗔心的冲力，他建议思惟我们的惯性反应是多么没用，再问自己一次：我为什么对人生气，而不对无生命之物生气？有多少气是因为好坏是非的固着观念而引起的？别人和我一样，身不由己不断制造自己的苦难，我不能多一些包容吗？真正的罪犯是烦恼，我们不能运用一些慈悲的指引来处理它们吗？

> 是我往昔
> 曾伤害有情众生。
> 因此，若有情众生伤害我，
> 道理上也是说得过去的。

这是对遭受伤害的另一种思惟方法。想想业力的运作：做了什么就回收什么。如果你偷盗，未来的某时你可能会遭抢；如果你蜚短流长，迟早你会被谣言中伤。当我们思惟多重因缘和合造成了不幸的事件，我们至少应该知道自己过去的行为是因缘之一。

西方人由于罪恶感，对此一法教颇难接受。发生困难之际，常会以为是自己性本恶或遭天谴使然。

诚如我最喜爱的格桑嘉措（Kelsang Gyatso）格西在《菩提心行》（*Meaningful to Behold*）中之所言，如果教一个小孩不要玩火柴，他还是玩了，他很可能被烧伤。这样他便学到因果的第一手经验，他会自己得出一个结论：不小心火烛，会导致痛苦的后果。由于这个不幸事故，他变得更有智慧了。但如果这个孩子觉得，是因为自己不听爸爸妈妈的话而烧伤，那么他学到的就是罪恶感。这样一来，智慧就被阻碍了，也没有从错误中得到利益。

像这样理解业力，我们便有莫大的自由去开创未来。今天我们怎么看待被树枝打到头，会影响我们以后怎么看待遭受伤害这件事。

> 敌人的武器和我的身体，
> 两者都是我产生痛苦的因缘！
> 因为他们抽出了武器，我同时挺出身体。
> 哪一个较值得我嗔恨呢？

他人的言行跟武器一样会让我们受伤，本颂的意义是，敌人的话语和我的反应，两者同是造成我痛苦的原因。

一句冒犯我的评语，可能对你毫无影响。我们都必须处理我们这半边的方程式，我们无法阻止别人口中吐出不厚道之语，但我们可以开发安忍：努力在掉举躁动的能量中放松，如树木一样安住，不寻求报复。

> 人身就像流脓的大疮，
> 稍一碰触，就痛苦不堪！
> 既然我就是盲目贪爱它的人，
> 当痛苦来临时，我该嗔恨谁呢？

此处寂天菩萨运用了一种我们熟悉的教学方法。他说：紧张不安所带给我的痛苦，不亚于他人的行为。

> 我们如愚痴小儿，
> 虽不爱痛苦，却偏爱痛苦之因。
> 我们伤害了自己，痛苦是自找的！
> 凭什么憎恨他人呢？

寂天菩萨以一种柔软的口气说，我们好似小孩，仍继续从事造成痛苦的事，不知道有更好的方法，多么悲哀！尤有甚者，我们居然爱这些因缘——瘾头、八卦、超时工作，还将这些因缘与舒适、满足和安好联想在一起。我们为什么不因为我们伤害自己而对自己生气，反而去责怪他人？或者，我们西方文化如此习于自我批评，也许我们更应该问："为什么不对自己所处的状况有点慈悲心呢？"

> 我应该嗔恨谁呢？
> 苦都是我自己招引来的——

地狱中所有的狱卒，

及一切剑叶树林！

前面提过，我们身处的地狱只是内心的投射，我们的痛苦多是自己折磨自己。好消息是，一旦看到这个情况，我们便会想从这制造痛苦的状态中解放出来。

嗔害我的人之所以跟我作对，

是由于我往昔的恶业。

但他们会因此而堕入地狱受苦，

这岂不是我害了他们？

第四十七至五十一颂是说，痛苦虽能净化自己，却会伤害加诸我痛苦的人。

这是另一种令西方人难以接受的想法。有人伤害我们，他们便造成了自己受苦的因缘。他们加强了习气，他们将自己禁锢在痛苦和痴惑的轮回当中。我们并不能为他人的行为负责，自然也无需感到歉疚。但是当他们伤害我们时，我们无意间助长了他们的错误行为；反之，如果他们以慈心对待我们，我们将成为他们积聚善法的因缘。

我觉得这个教示有用的地方在于：对他人是这样，对我也是如此。我今天怎样看待伤害我的人，会影响我未来如何感受世间种种。在任何的互动关系之中，我是有选择的。我是增强怨恨，还是增强谅解和悲悯心？我是加深还是减少两人之间的嫌隙？

由于伤害我的人，并经由修习安忍，
使我消除并净化了许多往昔的罪业。
然而，他们却因为我
而堕落地狱，长久受苦。

因此我竟使他们受苦！
因此竟是他们给我利益！
我的恶心啊，你还能用怎样的恶意
来嗔恨仇敌呢？

这里的开示仍然相同。许多惹事者伤害了他们自己，却因促使我们修习安忍而利益我们。我们应该对这些人或事，生起感激之心，因为他们让我们知道自己还是会被激怒的。

无论何种情况下，认为理当愤怒的人就是输家，利用同样的情况开发容忍度的人就是赢家。我个人觉得这项单纯的推论非常有用。

若我开发出安忍的心，
就不会在地狱受苦。
然而，我虽挽救了自己，
我的仇敌又会遭遇何等的命运呢？

到了某个阶段，我们会知道自己有能力安顿内心。我们听闻了佛法，也思惟了佛法，如果某人不断地对我们生气——譬如家人——我们会知道如何智慧而慈悲地去回应。但我们的父母或子女怎么办？虽然我们还有很长的路要走，但他们可能完全不知道，他们竟在为自己制造不必要的痛苦。如果他们继续增强嗔恨的习气，我们能有什么办法呢？若经常这样思惟，我们会对他们更加慈悲，也会更想修习安忍。

> 我若对仇敌以牙还牙，
> 他们绝对不会因此而获救，
> 我的一切圣行却有了瑕疵，
> 修习安忍也空忙了一场。

本颂非常清楚地陈述了同样的讯息：报复帮助不了任何人，对他人没有好处，对我自然也没有。这里就结束了第三种安忍：开发容忍度而不寻求报复。

在这些教示中，寂天菩萨尽量削弱我们对待敌人和其他惹我们生气的事物的凡常心态，并破斥我们以为报复有理的直觉反应。

第六品（下）｜修习安忍

寂天菩萨在《入菩萨行》第六品中继续举出各种痛苦的情况，我们可在其中学着放松并修习安忍。

心没有形相，
谁也摧毁不了它。
但心牢牢执著身体，
身苦心也受苦。

轻视和敌意的话语，
或我不喜欢听的批判——
身体既不会遭受它们伤害，
心啊！你何必生气呢？

他人若对我流露出藐视讥谤，

既然在今生或来世，
都不足以毁损或吞噬我，
我为什么要生气呢？

第五十二至五十四颂的主题是，当我们遭受诬蔑、批评或屈辱的对待时，应修习安忍。我小时候常听人说："棍子和石子可以打断我的骨头，但骂我却伤不了我。"这就是寂天菩萨传达给我们的讯息：敌意的话语，只不过是发自他人口中的声响。若他们说的是我们听不懂的外国话，我们根本不会起反应。但由于过去的经验和现在的心态作祟，我们会解读它，而且怒火攻心。我们能否别再这样？

也许因为这些讥谤妨碍我得到我所想要的东西，
所以为我所不喜。
然而命终时，我须舍弃所有的荣华富贵，
只有嗔恨的罪业随身。

寂天菩萨更深一层思考，也许我们憎恶带有敌意的话语，因为我们害怕如果人们不喜欢我们，他们可能会不让我们得到想要的财物。但是他说这没有道理，我们一旦死亡，一切财物都带不走，只有业果随身。

我们最好不要再增强负面习气。不管有什么正当理由，即使有人诽谤或威胁我们，失去一切也比增强苦因来得好。第五十六至六十一颂，他继续推论："一切你都带不走。"

与其长寿又造恶，
不如现在就早点死去。
无论多长寿，
死亡的痛苦都是一样的。

有人梦到享受百年喜乐——
才醒过来；
另一人梦到顷刻的欢愉，
仍一样醒来。

这两人醒来之后，
梦中快乐都一去不复返。
同理，命终时，
无论长寿还是短命，生命都就此结束。

就算我能得到丰厚的世间利养，
久享荣华富贵，
死时还是如遭强盗洗劫，
赤身空手而去。

无论我们如梦似幻的人生是长是短，终归一死。大部分人希望做一个长久而快乐的梦，但若这样的梦是建立在他人的痛苦之上，后果一定不会令人愉快。一个能够蜕去毁灭性习气的短梦，则好得多了。

也许我们会说利养能助我维持生活，
使我们得以积聚福德，净除罪恶。
但是，如果我为了争取利养而起嗔害心，
反而是积聚罪恶，折损福德！

若德行堕落，
活着有什么用呢？
若来生注定堕落受苦，
过这种生活有什么用呢？

此二颂说的是为了争取利养而起嗔害心。我们或许可以说我们需要蓄积财物来行善，比如建造寺院或救济穷人之类。但是这种黑手党式的推理，其实是想堂皇有理地报复挡自己财路的人。寂天菩萨说得很清楚，负面的行为，远较行小善积小福严重得多。

若说我们生气他人讥毁我们，
是因为他们伤害自己；
那么当他们讥毁其他人时，
我们为什么不同样生气呢？

我们总是作这样的推理：“我生气，是因为玛丽伤害自己。看看她诽谤我的时候，给自己造了怎样痛苦的后果！”这样的立论可能让我们觉得自己颇为良善。但寂天菩萨回答：“如果是那样，我怎么看不到你为玛丽诽谤他人的恶业而生气呢？”

若说由于其他因素，
所以我们能够容忍别人遭受讥谤；
那么当我们遭受讥谤时怎么就不能忍受了呢？
毕竟，烦恼才是其中的主因。

我们也可能会宣称，我们不会为玛丽嫌恶他人而生气，是因为这只由于其他因素，比如说，我们认为那人活该受教，我们便对自己说：“他太感情用事了，所以玛丽一定得直接纠正他。”对这一点，寂天菩萨立即回答：“嗯，那么你看起来也很感情用事，玛丽不是也应该对你不满吗？”我感觉他在进行这项推理时，很自得其乐。

甚至对诋毁和破坏
经藏、佛像、舍利塔的人，
我们也不该嗔恨，
因为诸佛本身不会生气。

如果有人伤害法教或圣像，也许我们觉得应该生气，但寂天菩萨还是不同意。诸佛从不生气，事实上，他们非常慈悲，那么我们怎可自以为是、以代言人自居呢？

即使我们的老师与亲友，
由于上述的原因，
成了被伤害的对象，

我们也应该这样看待并消除嗔恨。

第六十五颂探讨了当我们所爱、所敬之人遭到中伤时，应修习安忍。若我们的老师被伤害，我们因此生气就很荒谬了，因为老师正不希望我们嗔怒！若我们所爱之人遭到诬蔑，我们还是可以这样思惟，伤害他人之人和我们一样，也是烦恼的受害者。我们若也勃然大怒，不就变得跟对手一模一样了吗？然而，他们并没听说过如何处理情绪的教示，我们虽然听闻法教，这一番道理也了然于心，要不嗔恨还如此困难！这样，我们便会对仇人敞开心灵，并消除嗔恨。

无情识的事物与有情识的人，
两者都会伤害有情众生，
我们为什么只嗔恨有情识的人呢？
我们应当安忍任何伤害。

现在我们已很熟悉这个讯息了，我们既然不会为打到头的树枝生气，那就最好对伤害他人之人，展现同样的平等心。

有些人出于愚痴而造作罪业，
有些人则因愚痴而嗔恨他人。
哪一种人没有过错？
到底谁错了呢？

有人也许以为理当伤害我们，却不知道这样做对自己的伤害更深；

我们也可能出于同样的无明而采取报复行动。所以，孰对孰错？我们不是都一样吗？

更确切地说，我往昔为什么造罪业，
以致今生被人伤害呢？
一切都是业力招感的果报，
我如今为什么心怀嗔恨呢？

寂天菩萨为使他的用意更清楚，重申他对业果的思惟。此人和我之间互欠着一些业缘，我可以借由我的反应方式来消除这些业缘，利益我俩，也可以让苦难继续流转下去。选择在我。

认清这层道理之后，无论任何事发生，
我将坚持行善积福，
并在一切众生心中，
培养利益众生的慈悲心。

寂天菩萨说得很清楚了，仇恨绝对没有正当的理由。他不再为自己的嗔害心找借口了，转而培养利益众生的慈悲心。

我有一次请教 Trungpa 仁波切，要如何处理我对母亲的嗔心。他告诉我实验一下，内心先憎恶她，看看感觉如何？接着忆念小时候她对我的种种好，以一两周的时间努力感谢她。结果我发现，我完全可以决定自己在未来的日子里，要培养怎样的心态！

若一栋房屋起火燃烧，
火势已向其他房屋蔓延，
这时，理应迅速移开
能助长火势的干草等物。

如果担心嗔火烧毁功德林，
就应该立刻厌弃
内心所贪恋的一切事物——
这些都是助长嗔火蔓延的易燃物。

此处寂天菩萨清楚地教导，火气已经升起来的时候应如何降温；他教我们去除促使嗔心升温的燃料——即希望凡事皆如我愿的易燃物。

一旦我们仔细观察所贪恋的一切事物，我们会发现如果没有编造出故事情节，它们根本就不可能凝聚成形。当嗔火生起，我们可以认识到自己贪着的念头并放下，因而冷静下来。此一法门即是寂天菩萨在第五品中所介绍的止（Shamatha）禅。

在禅修中，一旦察觉到心散乱了，就将它带回当下。我们可以多加一个步骤，来协助这个过程。我们可以将念头标记为“想”，这项技巧将温柔而客观地消解无意义的习惯之流，以及潜藏其下的信仰。正如在起火的房屋，移去助长火势蔓延的杂物，这样便可以在火势蔓延之前，减弱那澎湃的能量。

一个束手待杀的人，

会庆幸因断手而换得逃命的机会；

同理，若藉承受世间小苦，得免地狱等大苦，

岂不快乐？

遏阻嗔怒很痛苦，需要勇气。当 shenpa 的钩绊很强时，我们会愤慨地向友人控诉、辱骂仇人，而且愈想愈生气。寂天菩萨认识到，不讨回公道尽管痛苦，但就像断手虽恐怖，但相较于失去生命，还是值得的。这使我们冷静并得免地狱之大苦。

若连今生这种小苦，

都忍受不了，

那我如何破除嗔害心，

这令人堕入地狱受苦的业因呢？

这里的意思是一样的：若能忍受排毒期间较轻微、较短暂的苦，日后就不必经历更大的痛苦。关键在于对自己的行为负责，我们未来的幸福取决于现在的所作所为。

为了满足自己的贪爱，

我已经历千百次

地狱的痛苦了——

结果却毫未增进自己和他人的利益。

现在这点忍耐比起地狱大苦根本不算什么，

又能成就许多大利益。

这轻微的痛苦可以消除轮回的苦难——

我怎能不欣然安忍这点小苦？

我读到这里，便忆起我早年在人际关系上所经历的痛苦。进入人际关系是一种苦，从中脱身更加痛苦——在这期间，我们必须耗去巨大的能量。

同样地，我们所追求的事业和其他事物，也像地狱的痛苦。随着时间的过去，我们得到什么？我们只不过培养了更强的贪爱、仇恨和报复的习性。如果我们继续加强旧有的惯性模式，我们现在这点忍耐，比起将会面临的痛苦，只是小意思罢了。

我们可以有不同的做法。我们已经花了一生，用凡俗的方法寻求快乐，得来的只是生死轮回。现在，让我们直截了当地处理自心本身。我们要记得，我们所受的痛苦自有其价值，它能使人谦卑，教我们如何慈悲。改变旧有习气所经历的痛苦，不仅值得忍受，简直值得礼赞。

倘若有人因赞美他人的才德，

而得到随喜的快乐，

心啊！你为什么不也随喜赞叹

而一同喜悦呢？

要记得本论中的法教，都是寂天菩萨对自己的教导。第七十六至八十六颂中，他给了自己一个心理准备：当仇人备受赞美而我们没有得到任何称赞时，该怎样开发安忍？当他人得到我们想要的称许、工作、津贴或情人，我们的确很难假装自己没事。寂天菩萨问：当他人的才干受到称赞，心啊！你为什么不也随喜赞叹而一同喜悦呢？

现在不是启动自动驾驶模式的时候，你反而应该做点革命性的事。你不妨转而随喜他人的福报，对自己说："我为他们高兴，如果我处于他们的情况，我也希望他们为我高兴。"

当愤怒或怨恨的潮水将人淹没时，这样教导自己，有时是唯一免于溺水的方法。

随喜赞叹
是无罪垢喜乐的泉源。
诸佛菩萨都鼓励我们随喜，
它也是摄受他人的上上策。

这段颂文指出修习安忍的"四乐"：第一，安忍没有杂染；第二，安忍是欢乐的泉源；第三，诸佛菩萨也都认可、称赞；第四，安忍是摄受、有益于他人的最佳方法。

当我们觉得快乐的时候，往往是我们得到、他人失去：我们获得某个职位，别人就得不到这份工作机会；我们赢得奥运金牌，别人就会因为赛事失利而流泪。这并不是因为我们心怀恶意，而是即使我们不是故意挡人去路，我们的快乐也有细微的"杂染"。相形之下，安忍的修行是没有杂染的，无论何种情形，所有人都是赢家，无人是输家。

修习安忍能带来欢乐，这是第二乐。当然，安忍不会每次都带给我们立即的快乐，有时候不过是减轻了愤怒的重担，觉得大大松了一口气。其实，仅仅是能够停下来并放松，且不心存报复，就会渐次培养出不可动摇的幸福宁静。我们会发现，根本没什么人来惹我们生气，这世界也变成了一个比较友善的地方。

第三个安忍之乐是诸佛也称赞。在最深刻的意涵中，这意味着我们更贴近佛性或是我们的本初善。

第四个安忍使我们更智慧地与人沟通。安忍令他人听到我们的话，也是摄受他人的上上策。换句话说，由于他人与我们谈话时，不觉得受到指责或威胁，我们的意思便得以顺利地传达出去。

> 你说："可是因赞叹而感到快乐的，是他人呀！"
> 若这种快乐是你所不希望的，
> 那你就不该支薪给仆役，并且回报他人的恩惠。
> 但这样做，你将会是大输家——失去今生和来世的安乐！

有时候，安忍的好处我们听得多了。某种程度上我们能接受，但在直觉的层面，我们还是比较喜欢世俗的推理，也就是"那我呢"。当他人赢得所有的赞美，我为什么不能觉得嫉妒？当他人身边有许多朋友围绕，我为什么不能觉得被遗弃、寂寞或者惨兮兮呢？会导致继续轮回受苦的推理是：别人都能得到所有的快乐，而不是我。

寂天菩萨问：如果我们这样觉得，那为什么我们还希望人人都享有快乐呢？为什么还支薪给仆役，并且回报他人的恩惠呢？为什么仅仅由于他人为我们工作或帮助我们，就要使他们快乐呢？

他的反证可能不易理解，但是很值得我们深思：不修习安忍有如不付工资、不报恩。一般而言，若不安忍，人们就不会喜欢我们；就内心烦恼而言，若不厚道或嫉妒心很强，我们自己也不会快乐。看来看去，我们都是输家。

当他人赞美你的功德时，

你热切希望他随喜快乐。

然而，当其他人的功德受赞美时，

你为什么高兴不起来，甚至还嫉妒呢？

这是一个非常能掌控时代脉动的小颂。在任何地方，我们都可以对任何文化、经济或种族团体读这首颂，每个人一定都听得懂。

最后两行形容人们的普遍反应：当他人——而不是我们——受到赞美的时候，我们就生气。寂天菩萨所说的要点是，我们若去滋养这样的惯性反应，到头来没有人会快乐。

你原本希愿一切有情众生皆获得快乐，

因此发起成佛利生的菩提心。

现在众生自行获得了一点点安乐，

你为什么感到厌烦呢？

若你真正希望一切众生成佛，

普受三界的尊敬，

如今看到别人获得一点点的利敬，

唉，你为什么反而苦恼起来了呢？

发了菩萨愿，要使一切众生快乐，却被最微不足道的人际互动所激怒，不是很讽刺吗？有时候，我们也只能嘲笑自己可想而知的反应。我们宁愿周游世界去帮助孤儿，却不愿面对家里的母亲或配偶。寂天菩萨鼓励我们，全心全意处理每日受到的冒犯和挑战，来达成菩萨愿。

父母妻儿依赖你，
你有义务供给他们生活；
如今他们自力更生，
你难道不高兴，反倒生气吗？

在这里，寂天菩萨又幽默地指出我们的无稽之处。若有一两位众生靠自己找到了快乐——即使我们认为他们没有资格——至少在菩萨道上为我们省了事。正如原本依赖我们照料的孩子找到工作，开始自力更生了，我们会觉得松了一口气。现在有一两位众生让菩萨少做点工作，我们不是应该也有同样的感觉吗？

若连这一些小利益都不乐意众生得到，
怎可能希愿他们证得无上菩提呢？
若是看别人得到利益就不顺眼，
怎可能有菩提心呢？

他继续讨论当我们不喜欢的人获得赞美或奖励时，尤其须修习安忍。我们怎能说我们希望人们开悟，却不愿他们得到赞美？寂天菩萨再一次提醒我们，心怀怨恨或是罪疚，都会压抑觉醒的心。诚实而清醒地处理日常生活中的烦扰，比其他任何修行都重要。

无论他人获得了利养，

还是那些利养仍留在施主家中，

反正哪一种情况，你都没份——

那么，给或不给，又与你何干呢？

告诉我，是你自己将功德、信心、

福善抛得远远的，不加守护，

你为什么不憎恨自己？

你为什么不开发福德的因缘呢？

寂天菩萨告诉自己和同修比丘，不管一件利养（gift）给了或没有给某人，我们反正都收不到，所以别用嫉妒或仇恨来折磨自己。如果我们因此轻易抛弃了平静的心，那我们干脆来恨自己好了。

他当然不是建议我们伤害自己，只是要我们认识到，自心不断在同样的旧习性中轮回，会制造出许多问题。其实我们是有选择的。当我们觉得不够资格的人得到了奖励，我们是选择放下，还是让这件事摧毁自心的平静？

你对往昔所造的恶业，

不思改过，还自鸣得意。

难道你还想

跟有福德的人一较高下吗？

当我们讥刺他人的福报——怎么是他们得到工作、加薪、中彩票?我们一定忘了这可能是他们过去的善行，现在他们正在感得善行的果报。而我们愤愤不平、说三道四的行为，可不会带来什么好果报。

下面几则颂文指出，当仇人遇到麻烦而我们幸灾乐祸时，如何修习安忍。

如果你的仇敌苦恼不乐，
你有什么好高兴的呢?
仅仅用你的心去期望仇敌受苦，
根本无法伤他毫发呀!

如果你的邪愿是让仇敌受苦，
你又有什么好高兴的呢?
“为什么不?我将心满意足!”——你是这样想的吗?
还有比这更堕落的恶业吗?

被烦恼渔夫的利钩钩住，
既疼痛难当又锐利，
我定会堕在地狱的油锅中，
承受狱卒的煎熬!

我们当然都想在仇人倒霉的时候幸灾乐祸一番。寂天菩萨把我们比作觉察到诱饵的鱼，无论诱饵后面是否有鱼钩，都不顾一切想要咬下。我们和可怜的鱼儿的下场都是一样的:短期的满足，最后不会为我们带来什么好处。被仇恨和嫉妒的鱼钩钩住，永远不会自在。

世间赞美和称誉的废话，
既不能增福添寿，
也不能促进健康，增加力量，
更不能使身体自在安乐。

我若能明辨何者对我有益，
我会自问，赞美与称誉如何能有利于我。
若我向往的不过是称心快意的娱乐，
那还不如去追求醇酒和牌戏算了。

也许我们的堕落还不在于嫉妒别人，更在于受到赞美和称誉。

我们以为会令生命有大大改观的事物——名誉、赞美、新房子、梦中情人，好像都无法使我们快乐太久。在短暂满足之后，我们很快又会回到起点。

简单的真理往往很难为人看透，纵使有确切的反证，我们还是继续任由财物、人际关系、名誉……掌控我们的心。寂天菩萨认为，以为外界事物可改写生命的想法，是没有智慧的。他还说，无论我们得到的再多，也不会使我们的寿命更长、满足更久和功德更多。希望改变外在环境来获得永续的快乐，到头来总会令人大失所望。

寂天菩萨秉承一贯的机锋又说：事实上，如果耽溺于赞美和称誉是想得到满足，那就干脆放弃出家戒，开始喝酒、赌博算了，反正它们也会给我稍纵即逝的满足。

我常好奇在座的比丘有没有感到震惊，还是被寂天菩萨的幽默感逗乐了。

我们为了虚名假誉，
白白断送生命与财产。
死后长眠墓中，
赞美有什么用？它们能令谁高兴呢？

有些人愿意不计代价超越他人，采取某种疯狂的举措来赢得认同和尊敬。但是这种暂时性的满足，从长远来说值得吗？临死时，你可以指望从这里得到助益吗？

孩童堆砌的沙堡倾颓时，
会伤心地号啕大哭。
同理，虚名假誉消失时，
我们也像稚童一般伤心。

生命短暂又无常。有过濒死经验的人常会说，他们在濒死之际，整个人生会在眼前快速地闪过一次。我们那么努力让别人钦慕我们，但名声像所有其他的事物，都如沙堡般无常，执著它们只会引起不必要的痛苦。

“史努比”漫画里有一幕是，露西堆砌着一座精致的沙堡，她骄傲地说：“一千年后的人们在此地看到我今天所盖的城堡，一定会惊叹不已。”这就是寂天菩萨在这里所指的不合常理的心态。

你最好视自己为一出戏里面的某个角色。你可以扮演一位声名显赫、备受尊崇的人，但别将这个身份看得太过认真。如果赞美和名声如同沙堡般脆弱，那么当它们随浪潮变化而消失无踪时，最好能以平常心视之。虽然如此，我们还是可以找几位同好，用美丽的贝壳和石头来镶饰沙堡，充分享受其中的趣味。但是一个浪头打过来，我们要有“不见就不见吧”的心理准备。

制作沙檀城（mandala）就是很好的例子。仪式性的檀城需要数日专注的工作，然而一旦仪式进行完毕，人们便恭恭敬敬地将它扫去，所有的沙被放入大碗中，回归大海，一粒不留。

有一回我观看西藏出家人制作沙檀城的电视纪录片，我的朋友被檀城的美给迷住了，但她完全不知道仪式会如何结束。当檀城最后被摧毁时，我不为所动，但她既震惊又不可置信，整个人竟开始歇斯底里起来。所以说，心境平静的关键，在于了解生命无常的本质。

赞誉之声短暂如浮云，
根本就不是有心赞誉我。
你说那是因为他喜欢我才赞美我。
这些劣质的赞誉就是你快乐的原因吗？

若别人赞美另一个人或我自己，
与我何干呢？
赞美的快乐是别人的，只是别人的，
哪有一丁点快乐是我的呢？

若我会因为他人欢喜而快乐，
那么所有的人都是我快乐的来源。
当荣耀归于他人时，
我为什么不为这快乐的因缘快乐呢？

若思及我受到称赞了
而暗自得意，
这是不合常理的，
充其量不过是小孩的幼稚心理。

在这四颂中，寂天菩萨谈到了一个重点：我们种种需要赞美的借口，其实都是“我最重要”的心态。我们幼稚地贪求他人的认证，结果被这贪爱牵着鼻子走。寂天菩萨说，没有实质的赞誉之声短暂如浮云，太认真看待它们是很傻的。

如果我们宣称：受赞美不会教人称心如意，他人因感谢我们而感到快乐才让人心生满足，这个推理也绝对是个“冒牌货”。首先，快乐无法从一个人转移到另一个人。再者，如果菩萨愿是使他人快乐，为何别人感谢我们的仇人时，我们却闷闷不乐呢？

赞美和称誉会使内心掉举散乱，
减损对生死轮回的厌离心。
也促使我觊觎他人的德学，
甚至破坏福慧资粮。

不断寻求肯定为何徒劳无功？寂天菩萨在第九十八颂中，以三个理由来加以总结。

第一，我们对赞美和称誉有了依赖心，就会靠乞求别人的意见来使自己感觉良好。

第二，过多的称誉损坏对生死轮回的厌离心。我们若是得到了他人的尊敬，可能会开始以为这种良好的感觉就是永续的快乐了。我们也许蒙骗自己，以为没什么缺点需要改进了，连谦恭都不需要了。

第三，我们更加嫉妒他人了。我们也许以为自己不再需要赞美，但小心！一旦经常赞美我们的人去赞美别人，嫉妒就乘虚而入了。

若周遭的人
毁谤我、打击我，
其实他们正在保护我，
使我免于堕落恶趣。

第九十九颂中，寂天菩萨以惹事的人自有其价值，开始了另一部分的讨论。想想看，他住在寺院里，大家都不太尊重他，这可能是他的主要修行哩！他可能有很多机会实行此处的忠告。

那些难以相处、让我们不好过、经常掀我们底牌的人，正好使我们卡住的地方原形毕露。伟大的禅师阿底峡（Atisha）经常带着口无遮拦的茶童孟加拉（Bengali）一道旅行，因为这会让阿底峡对自己更诚实。如果不是他那坏脾气的仆从处处试炼他，他很可能自己骗自己，认为内心已经够平静了。如果我们能对那些让我们不好过的人修习安忍，我们就可以对任何人都修习安忍了。

我是追求解脱的人，
不可为名利所束缚。
对解除我名利钩绊的人，
我怎能嗔恨他们呢？

虽然我执意莽撞，
他们好比佛陀的加持，
使我免受恶趣之苦。
我怎能嗔恨他们呢？

下次你被惹烦了，看看你能否作这样的推论：正因为这些人来找麻烦，我们才看到自己不愿面对的事情。看到自己困在哪里，而且看到自己不断自寻烦恼。即使佛陀也不能赐予我们如此大的利益呀！

我们不该嗔恨地说：
他们障碍我修集福德。
安忍难道不是无上难行的修持，
难道不是我立意修学的学处吗？

与其视惹事的人障碍我们修集福德，不如将他当成增进我们福德的人，也就是我们修习安忍的途径。

若我由于嗔恼，

而不能修习安忍，

我就是障碍自己积聚福德，

虽然修忍积福的机缘近在眼前。

我们发脾气的时候，是一记警钟：“不好了！我又来了！”如果不过分自责，反而放松心情，因为我们又学了一课，就可以幽自己一默，用轻快的心情迈步向前。

我们也会故态复萌。没人敢说消除旧习气是件迅速、简单的事，最好还是承认自己仍会生气，而且不要把气归咎到别人身上。

除非因缘和合，不然一法便不能成就，

因缘皆具足，一法才能成就。

若一法是另一法的因缘，

怎能说这一法障碍另一法呢？

有人来冒犯我们，我们才有机会培养安忍的德行。阿底峡因为他的茶童，即使在最令人生气的情况之下，仍得以放松并醒觉。所以，我们怎能说仇人和惹事的人是来阻碍我们的呢？没有他们，我们根本没有机会修习无嗔害之心。

来得恰是时机的乞丐，

不是修行布施的障碍；

同理，不能说授出家戒的方丈，

是妨碍出家的障碍！

当我们要出家，必须由戒师授戒。当我们要修习布施，乞丐给我们机会。当我们要修习安忍，除了惹事的人给我们考验，别无他途。寂天菩萨又一次幽默地说明他的用心。

世上可修布施的乞丐很多，
而可修安忍的怨害者却很少。
因为只要我不伤害别人，
主动来伤害我的人就很少。

这是菩萨的两难：我们想修习安忍，但一旦这样修行，愈来愈没有人能够激怒我们，我们修习安忍的机会便愈来愈少。

就像在家中发现如意宝藏，
使我致富，免于匮乏，
一切怨敌都助成我修习菩萨道，
因此，我应高兴我拥有怨敌。

下次你被别人激怒了，请停一下并对自己说：“就像在家中发现如意宝藏，使我致富，免于匮乏。你，亲爱的惹事之人，是使我这痴惑之人开悟的途径！”这种思考即便一开始不太有说服力，也确能降低自己的敌意。

修习安忍的善果应由敌我共享，

因为是我们二人共同实现的。

但首先应当献给我的敌人，

因为他们才是我修忍的主缘。

要是一个嗔怒成性的人找你麻烦，你却不寻求报复，会有什么结果呢？第一，你不会继续鼓动嗔心；第二，你有机会修习安忍和慈心。

因此，由于你不再堕入惯性反应，这又是那嗔怒之人给你的机会，你俩都促成此一利益的实现，所以修习安忍的善果是你俩共同完成的。然而，功德首先应献给惹你生气的人，因为他是你能够安忍的主要因缘，你应感激地希望他得到福报。

我们也许会好奇，修习安忍真可以避免痛苦的业果吗？如果对方因为不再增强嗔怒而平静下来，那么答案当然是："对，我们可以帮助他人避免嗔心。"

另一方面，如果这个人的情绪不断累积，答案就会是："没有，我们的安忍一点也不能帮助他。"但即使在那种时刻，我们也可以对自己说："希望我俩之间的缘分，虽然不愉快，但仍能成为一同开悟的因缘。"如此一来，无论是哪一种情形，对方都会受益，我们当然也是。

如果我说仇敌毫不心存助我修忍的念头，

所以根本不值得赞叹；

如此，我为什么要尊崇圣教，这指引我解脱的教法？

它也毫不存有助我修忍的念头呀！

我们许多人不会立刻采信寂天菩萨的推理。为什么要让敌人好过呢？为什么要感谢伤害我们的人，他们根本无意帮助我们修习安忍呀？

对于这些质疑，寂天菩萨回答：“那你为什么会供奉指引你解脱的教法？这些佛法只是‘字’，并不比敌人更能帮助我们修习安忍呀！”

何者值得感谢，得看最后的结果。读诵佛法的文字或者遭遇愤怒的仇人，结果会是什么？若结果是因此更能安忍，我们就可以感谢两者。我们不会说：“我的上司并无意帮助我修习安忍，所以他不值得我赞叹。”我们反而会说：“他虽然无意于此，反正我现在更能安忍了，所以我仍要感谢他。”

我抗议：仇敌明明设计要伤害我，
所以我不应该尊崇仇敌。
但是，若敌人也像医生一样有意利益我，
那我又怎么有机会修习安忍呢？

Dzigar Kongtrul 仁波切曾用“‘我最重要心态’不合逻辑的逻辑”（the illogical logic of self-importance）来表达这种情形。寂天菩萨的推理也许有时让人难以接受，但我们平常觉得理当报复和心怀恶意的推理，难道更有道理吗？

我们也许会抗议，怎可要求我们对心怀恶意的人修习安忍呢？但他用这样聪明的比喻来回应：当医生治病时，可能会痛，但我们不会生他的气，因为我们知道这痛最后会利益我们。我们能不能对惹事之人带给我们的痛苦，抱持同样的心态呢？他们给我们练习安忍的机会，最终利益了我们。如果他们像医生一样有意帮助我们，我们大概就不会有疗愈嗔心的机会了！

> 正因为仇敌充满嗔害心，
> 我心中才开发出安忍。
> 所以仇敌才是修习安忍的主要因缘，
> 值得我们像供养正法一般尊崇。

寂天菩萨总结这一部分说：由于仇人带给我们利益，所以他们像佛法一样值得我们敬重。如果你不懂大乘佛法何以说“感恩每一位众生”，这一段颂文下了绝佳的注脚。

> 释迦牟尼佛曾说：
> 众生世界是成佛的福田。
> 因为致力于利益众生的人，
> 许多都已证得正觉。

> 因此，成佛所依的助缘中，
> 佛与众生同等重要。
> 倘若只敬佛而不敬众生，
> 真不知是哪来的教法？

在这些颂文中，寂天菩萨提出了精彩的陈述：所有的众生，像觉醒的诸佛般值得我们尊敬。当我们以众生为修行对象时——无论是安忍、悲心、布施或慈心的修行——他们便成为我们开悟的因缘，等同诸佛的价值。

我当然不是说佛与众生的发心别无二致，
而是针对他们所产生的效果而言。
我们看到有情众生也是助人成佛的殊胜因缘，
所以说众生与佛无二无别。

我们不免对此一法教心有不服，毕竟，众生痴迷又只顾自己，诸佛则完全觉醒呀！但寂天菩萨再度重申他前述的观点：针对他们所产生的效果而言。我们既然不断地与众生互动，却很少遇见完全觉醒的佛，那么也许众生正好供给我们更多解脱的机会呢！

供养慈心的行者，
显示众生的尊贵。
敬信佛陀的福德，
也显示佛陀的尊贵。

慈心的行者指对一切众生慈悲的人，供养这样一位尊贵的人是显示众生的尊贵。为什么呢？因为他们度众生——像你我这样刚强、痛苦的众生——的功夫可以令自己觉醒、得度，因此显示众生的尊贵，有如显示诸佛的尊贵一样伟大。

因为佛与众生都是成佛的因缘，
所以我们说众生与佛无二无别；

虽然众生的德能，

与诸佛的无边功德海绝不相等。

然而只要众生心中

具有少分殊胜的佛德，

三界的宝物供养，

仍不足以对他们表达敬意。

觉者当然比你我有更多的福德和智慧。我们虽然只有少量的福德和智慧，也值得无有边际的供养。我们那少许对菩提心的认识，少许走上菩萨道的意愿，也值得接受如诸佛般的供养。我觉得这些话非常能鼓舞人心。

每一位有情众生，

都具有能引生殊胜佛果的功德。

这就是我之所以

尊敬有情众生的原因。

第一一八颂是一段简明的总结，在这里，每一位有情众生这句话是非常重要的：每一位都具有引生殊胜佛果的功德；而且既然是每一位，当然也包括你我。

因为诸佛是我的善友，

给我带来无边的利益，

除了令有情众生欢喜，
我又怎能报答佛恩呢？

诸佛曾为众生舍身，入无间地狱，
利益众生就是报佛恩。
因此就算众生严重伤害我，
我仍然要努力利益他们。

从第一一九至一二七颂，寂天菩萨温柔地建议我们如何对老师报恩。老师是向我们展示广大视野，并保持我们走在正道上的人。他们这样仁慈，我们何以为报？寂天菩萨说，我们对彼此安忍，就是报恩。

在日常生活的层次，他人多所努力，使我们不致受苦。即使我们没有佛法老师，我们也知道家人、朋友和陌生人如何利益我们。有人愿意牺牲个人的方便并忍受痛苦来帮助我们，寂天菩萨说现在我们可以回报他们了，只要我们彼此以慈心相待。

诸佛与老师，
尚且愿为众生的幸福而舍身命；
愚痴的我，为什么如此骄慢？
为什么不能变成众生的仆役？

如果我们的老师和其他人都愿意挺身而出，我们为什么不能？寂天菩萨在想，我们是否因为过于骄慢而无法放下身段？

我见过我儿子和媳妇如何半夜起来照料孙子。孩子吐得或拉得他们满身都是，但他们仍会抱起孩子，为其清洗，也许还陪着孩子就近睡在厕所旁边。还有我们的父母，如今我们虽会嫌恶他们，然而在我们小的时候，他们也为我们做过同样的事。

身为一名正接受职前训练的菩萨，你今天就可以开始将自己献给他人。先从亲近的朋友、至爱的亲人着手，接着满心愿意处理愈来愈棘手的情况。总有一天，你能够向任何众生伸出援手，好似他们是你的子女一般。这是一条逐渐提高能力、救度更多众生的次第修道之路。

寂天菩萨说，他最尊敬的老师，从不以为自己境界高到不屑救度他。即使寂天菩萨觉得自己如此愚蠢，老师也不会弃他于不顾。他感谢老师的方法，就是追随其典范。

诸佛因众生安乐而欢喜，
因众生受苦而忧伤。
因此，使众生安乐，就等同使诸佛欢喜
而伤害众生，就等同伤害诸佛。

令佛法老师快乐的方法，不是供养饮食或致赠礼物，而是将他们的教示付诸实行。当然，佛法老师和任何人一样，欣赏慈善和布施，但如果你对他们微笑而且仁慈，对他人却严厉而不厚道，那么这些微笑仁慈都毫无功德了。

好比全身着火的人，
纵使给他一点小小的好处，也不可能快乐；
我们若引起众生的痛苦，

大慈大悲的诸佛也很难欢喜。

当一个人被绑在柱子上，遍身着火时，我们不可能问他想吃猪排还是炸鸡，或者给他比萨或看电影来减轻痛苦。这些传统的布施方法，对身陷水深火热的人来说，未免太薄弱无力了。

同样地，当老师看到我们有意让别人受苦，他们会非常痛苦。虽然我们供养给他一点小小的好处，也无法减轻他们的忧伤。

我往昔曾经伤害众生，
令大慈大悲的诸佛忧伤。
因此，我今忏悔这一切罪业，
祈求诸佛慈悲宽恕！

一旦能够承认我们对自己和他人所造成的伤害，这种“正向的悲伤”就开始疗愈我们了。我们不再困于嗔恨或罪疚之中，而是可以义无反顾地向前迈进。这样的悲伤是一种清洗。在这样的士气之下，我们帮助了自己，同时也报答了师父的慈悲。

为令如来欢喜，
我从今要做自己的主人，世间的仆人——
就算遭受践踏、伤害，甚至送命，我也甘心忍受，
来令世间的怙主欢喜！

但愿寂天菩萨修习安忍的热情具有感染力。无论遇到多困难的挑

战，愿我们都能对自己的行为负责，同时发展出照顾他人的能力。愿我们练习无嗔无怒，甚至遭受攻击之时，仍一本初衷。

大慈大悲的佛陀，
看待世间的众生就像自己一样。
因此，众生就是佛，
那么我为何不敬重众生呢？

在此，寂天菩萨明确地说：众生就是佛，一切众生皆有佛性。

Trungpa 仁波切以不同的方式来解释佛性。他说一切众生皆有“开悟基因”（enlightened genes）——杀人犯和诸佛皆同，在地狱受苦的众生和享受究竟开悟之乐的圣者，也有同样的觉醒能力、同样的潜力。

他也用“本初善”来说明这些法教。他说我们可以开发——而非障碍——本初智慧，来彼此互动。我们可以不去触发他人的敌意或沮丧；停下我们的习性反应，给每一位众生充分的空间来感受他的柔软地带。

我还记得一位盛怒之人攻击 Trungpa 仁波切本初善的法教，他认为人基本上是有缺陷的。仁波切平静地回答他说：无论我们相信与否，万事万物的本质确实是趋于清净的，那是无法阻挡的。

尊敬众生能使如来欢喜，
而且能成办自身的利益。
它能驱除世间的痛苦，
所以我要经常修习安忍。

我们能为老师、自己和这个世间所做的最有益的事，就是谨记着要经常利益彼此，停止互相伤害。

譬如说国王的人马
伤人无数。
但识时务者即使受害，依然安忍，
纵有能力，也不会施加报复。

因为他们知道仇敌并非势单力薄，
国王的势力就是他们的靠山。
同理，伤害我的仇人即使势单力薄，
我也不宜轻言报复。

因为仇敌有地狱的狱卒，
与慈悲为怀的佛陀为盟友。
所以我应该尊敬一切众生，
把他们当成暴君的子民。

自第一二八至一三四颂，寂天菩萨继续努力让我们了解，不能在嗔心拉锯时放弃努力。他对安忍的价值最后的开示是：所有行为都会招感业果；我们嗔心愈强，世间看起来就愈像地狱。

他用了一个类比，来讨论对伤害我的仇人即使势单力薄也不应寻求报复，因为他有国王为后援。换句话说，对小小的伤害心生恼怒，也会增强嗔心，将会尝到苦果。

大部分人会觉得任自己发些小脾气，说些闲话，做出一点伤害他人的事，都是无所谓的。但是，寂天菩萨说：这些行为会增强负向的心态。因此，我们若提前感知细微的敌意和小心眼，就容易在蔓生之前将其去除。

地狱的狱卒和慈悲为怀的佛陀都是我们的盟友。如果我们了解行为的潜在后果，那么痛苦和欢乐都会让我们止恶行善。

再者，嗔恼有情众生
会堕入地狱受苦。
然而，凶恶的暴君再生气，
能使人堕入地狱受苦吗？

即使取悦国王，
他也不能令我成佛。
只有令有情众生安乐，
才可以圆满无上正等正觉。

增强负向的心态，会造成自己的痛苦。有谁比我们更能使自己痛苦？君主可以命令我们下狱，甚或处死我们，但若我们的心被嗔火烧到沸腾，那就像打造了永恒的地狱，更加痛苦。就算一帆风顺，君主满足我们，君主又能做什么呢？给我们一份工作？很多钱？一幢豪宅？这些无常的享乐，怎能跟无可动摇的究竟解脱之乐相提并论呢？毕竟，没有什么事物能比自心带给我们如此多的痛苦和快乐。

因此，只要令众生安乐，
未来一定可以成佛；
我怎么还看不出来，令众生安乐，
即使今生都可以享有荣耀、美誉与快乐？

在生死轮回中修习安忍，
也能使我容貌庄严、身体健康、声誉卓著。
它的果实是获得长寿，
与转轮圣王的广大快乐。

寂天菩萨在这里发表了最后一番言论。如果无可动摇、无可毁坏的佛道还不足以吸引你，那我们修习安忍后会容貌庄严、感觉良好，并获得声名，这听起来有没有吸引力？

再怎么好看的人，满脸怒容或焦虑不安时也会变丑。更有甚者，嗔心有损健康和减短寿命，又不讨人喜欢。如果其他的利益都说不到你心里去，看看思惟这些安忍的世间利益，能否让你接受寂天菩萨的忠告。

如果你觉得这项修行旷日费时，怕故态复萌嗔心又起，届时千万别忘了要对自己宽容、有耐心！

第七品　精进不懈

第七品展开了《入菩萨行》第三大部分，也是最后一部分。本论的头三品是有关开发菩提心，次三品阐释如何使菩提心不致减退，第三大部分中，寂天菩萨告诉我们，怎样可使菩提心展转益增长。

精进波罗蜜如同一味神奇的原料，在我们所有的行动中加进了一分热切。菩萨事业绝非区区小事，若缺了精进，我们要不是用功太勤，就是早早放弃。如同铃木俊隆（Suzuki Roshi）禅师所言："我们在这里的工作太重要了，最好别看得太过认真！"精进的关键在于找到"不太紧"和"不太松"、不过于热切和不过于懈怠之间的平衡点。

在这种精神之下，Trungpa 仁波切鼓励我们将生命当作是一场实验。这个建议对我个人非常重要。若生命是实验，我们便愿意试这试那，反正都没有损失。

这种高度的灵活与随顺，是我从 Trungpa 仁波切那里学到的。由于精进，他成就了许多事业。当事情不顺利时，仁波切的心态是："没什么大不了的。"如果某事该蓬勃兴旺了，它就会蓬勃兴旺起来；若还不是时候，它就不会。

秘诀就在于不要被期望和恐惧所困。我们可以全心投入事业，但心态若僵化成“认同”或“不认同”的二分法，我们就是自找麻烦了。相反的，我们可以怀着好奇心前进，好奇这样的实验会引领我们到什么境地。这种开放性的探究是精进——即勇士的坚忍——的真精神。

修习安忍之后，我将勇猛精进。
唯有精进，我才能速证无上菩提。
若没有风，一切就不会动，
若不精进，福德就不会生。

将精进比喻为风，是再贴切不过了。像是风吹船帆，无需大费周章，无需几千人使力；当帆扬起，风便轻松自然地将船推越海洋。

同时，此颂传达了一种迫切感。如同铃木禅师说的，我们的工作非常重要，喜悦的风和迫切感同时运作。没有时间再等了——但别担心，我们做得到！

勇士的精进就是热衷修习善法。
精进的反面即是懈怠：
贪图恶法，
消沉自贬。

第二颂有两个主题。首先是“精进”或“勇士的坚忍”的定义，亦即热衷修习善法。其次是精进的反面：懈怠之烦恼。

我们一旦信任这些法教，便会自然而然热衷修习善法。例如，我一旦知道寂天菩萨的教示可以令我快乐，我就会热切地想付诸实行。热衷修习善法，意味着睿智地处理情绪，并温柔地调伏自心；它也意味着探伸出去，尽可能向更多的众生散发慈心并提供支援——热切地去做，而不只是履行责任而已。

我本身的经验是，生命一旦有了一份热切，意义便不同了。这意义并非出自事业或人际关系，而是将各种经验当成觉醒的契机。眼前一直会出现各种挑战，但不必看成是障碍，它们其实都是开悟道路的一环。

精进的反面是懈怠。寂天菩萨在此分为三类：好逸之懈怠、耽着卑劣之懈怠、畏善之懈怠。在第二颂中，他形容前两类是贪图恶法、消沉和自卑。

Trungpa 仁波切称第一类为“贪图恶法”。我们利用舒适来逃避不安，这倒不是说我们不能享受安乐，而是不需要执著这份安乐。这是有情众生毫不令人意外的作为，连小虫和甲虫都是，它们跟我们一样，都在寻求舒适。

有一部经说到天人来谒见佛陀并讨论佛法。他们很惊讶佛陀竟然教导众生苦谛，使众生入道。天人们觉得这种技巧太粗糙，便对佛陀说，在他们那里，开悟完全靠美妙的香气。佛陀听后回答说，他很乐意也采用这样的教法，但在这里行不通，因为地球的众生会立即执著于这种快乐。

第二类懈怠，Trungpa 仁波切称之为“失去意愿”。我们感觉试了又试，就是做不好，事情就是不顺利。我们沉溺在沮丧中，失去了帮助自己和他人的意愿。

第三类懈怠，Trungpa 仁波切称之为“管它去”。这种自贬如同帆上没有了风。极度怀疑自己的能力，比“失去意愿”还更棘手、更苦涩。

贪图舒适的感受，
喜欢躺卧、爱好睡眠，
而且丝毫不忧虑轮回的痛苦，
这样就会产生懈怠。

在第三颂中，寂天菩萨讨论第一类懈怠：好逸之懈怠或“贪图恶法”。我们希望逃避生命中所有的不愉快。如果我们能买到按摩浴缸，如果我们能去疯狂购物，也许我们就可以智取生死轮回了。又或者，简朴的生活也许让我们感觉安乐，在山林隐居，生活悠闲而平静。然而，一旦我们健康检查的报告看起来不太妙，一切便迅即粉碎。可是往往听到这消息的同时，我们依然认为安适是不完美人生的解决之道。

下一颂中，寂天菩萨再一次思惟死亡的确定性。这是经教上提到的对治懈怠的法门：能够对治过分期待短暂的安乐，以及虚掷珍贵的人身这两种懈怠。

我被烦恼的陷阱诱捕，
又被生死的巨网钩缠。
我已被送进死魔的口中了，
怎么还不醒悟？

第四颂系指因缘（nidana）的锁链，也就是造作出生死轮回的因果锁链。生死之轮不断回转，从出生到死亡，我们如可怜的动物被生死的巨网钩缠，陷在这受苦的轮回当中不得出离。还好，我们可以调伏自心，耐心地制止内心烦恼，阻断生死轮回的连锁反应。事实上，这就是寂天菩萨的教示：我们如何将自己从生死轮回的恶性循环中解放出来。

难道你没看到，
死魔夺走一条又一条的生命？
但你竟睡得如此之沉，
犹如水牛卧于屠夫之侧。

我们受安乐哄骗，宁愿选择虚妄的安全感，也不要面对现实。我们不愿去看空性、无常和死亡等实相，免得心神不宁。结果我们睡得如此之沉，犹如水牛卧于屠夫之侧。但这样的策略能维持多久呢？

所有逃生口都已封死，
死魔也将眼光投向你。
你怎还能享受美食？
又怎能贪图休闲与睡眠？

想想死亡前的一顿大餐，能带来的安乐是那样薄弱无力。同理，如果美食和休闲只是让我们在短暂无常的享乐中作茧自缚，愈困愈深，我们怎还能受它们的引诱？当死魔也将眼光投向你，这其中的荒谬性便显而易见了。

当然，如果我们能够珍惜每一刻，就能真正地享受美食和休闲。Trungpa 仁波切曾说，开悟犹如第一次嗅到烟草或听见号角。我们通常不会如此清新鲜活地体验生命，我们经常是以享乐麻痹自己，令心散乱，而未曾欣赏每个独特又短暂的日子。

死魔很快就会攫住你，
尽早利用时间积聚福慧资粮吧！
若死到临头才开始断除懈怠的劣习，
一切为时已晚，你怎么办？

有一回我听见一位修行人吹牛：“我不需要调伏自心或降伏烦恼，因为我才接受了特别的西藏传法。在死亡的那一刻，我就用这些法教将我的神识投射到空界去。”这真是笑话呀！如果我们生时都做不到佛法所教导的，怎能处理死亡呢？

我们还有时间准备，所以寂天菩萨急迫地希望我们快下工夫。因为死亡可以成为解脱的体验，进入完完全全的空性。

这，我尚未做。这，我刚动手。
这，我才完成一半……
那时，死魔突然不期降临，
只能感叹：唉！我没救了！

我看过一则漫画，标题是“不禅修的理由”。首先画的是婴儿，说明是“太年轻”；然后是学生、带着孩子的父母、工作的人，说明是“太忙”；下一幅是老人，说明是“太老”；最后是一具尸体，说明是“太迟”。

当我们濒死之际，最后一念会是没建造的梦想住宅，没付清的贷款，还是没读完的小说？我们临死时，绝对不会遗憾自己没能完成世间的目标。

我们常常想：如果有更多时间，我就可以修行了；等到因缘具足，我就可以禅修了。但同时，我们的烦恼愈来愈炽盛，心也愈来愈难以放松。

我最近陪伴一位垂死的修行人。她认为她的修行如今看起来并不管用，她看不出修行在身心崩解的当下能使上什么力。的确，如果我们不运用菩提心的修习和禅修来放弃并放下，这情形可能发生在我们任何人的身上。

在每一节禅修中，你可以训练自己对一切生起的现象打开心灵。在直观体验中放松，仅仅去认识愉悦和不愉悦的念头，却不去分别，然后任由它们消逝。如此，在死亡时，你便可以放下这一生的执著，不抗拒这崩解的过程。

泪水从双颊滚落，双眼哭得又红又肿，
这就是你深沉忧伤的写照。
你将会从亲友绝望的表情中，
见到死魔使者的到来。

寂天菩萨将死亡形容成一位严厉的死魔。如果我们生时从未在空性中放松，死亡是恐怖的。但如果我们的菩提心已然生起，无论我们多么害怕，也不会再像过去那样，凡事只顾自己，甚至，恐惧会将我们与其他同样害怕而孤独的人联系起来。就在我们最黑暗的时刻，我们得以开发出本初善的柔软。如此的死亡，据说是一种喜悦。

过去恶业的记忆令你痛苦不堪，
地狱的恐怖声音又震耳欲聋。
出于恐惧，你会以秽物弄脏自己；
在这极度恐惧之下，你能怎么办呢？

在死亡过程中的某一阶段，我们会听到巨大而刺耳的声音，有如地狱的恐怖声音，这不见得吓人，但如果我们终其一生逃避不适，就有可能会受到惊吓。而且，如果我们忘记自己过去造成的伤害，死时就会回忆起宿罪而痛苦不堪。

因为在最后一刻，整个生命会在我们心识上一幕幕闪过，没有哪桩事能逃得了。我们若已诚实检视自己的行为，并为自己的过错而悲伤，死时便了无遗憾了。这是修习忏悔的疗愈力量，我们可以带着微笑离开。

一位性情冷酷、死不反悔的黑手党，有一次被关入单独禁闭室。那里暗无天日，受刑人称之为“洞”。单独在黑暗中与自己相处两小时，所有他杀过、折磨过的人的影像都回来纠缠他。八小时之后他被放出来，整个人就疯了。这便是处于地狱的状态：我们过去自以为是，或压抑下来的伤害行为都投射了出来。

一息尚存都这样恐惧，
好似鱼在陆地上垂死挣扎，

那么往昔造恶将带来的地狱大苦，

有多不能忍受，就更不消说了。

火烧地狱中，滚烫的铜浆，

灼烧你如婴儿一般的细皮嫩肉——

这都是你往昔所造恶业引生出来的痛苦！

你怎么还敢如此满不在乎呢？

在莲源所译的《入菩萨行》导言中，对寂天菩萨的教学技巧有极精彩的讨论。我前面提过，他以我们恶行的后果来恐吓我们，又指出修习佛法的奇妙和利益，两种技巧交替使用。我们若要从中学习，须记住寂天菩萨的忠告：没时间再等了，所以别浪费生命播种苦因吧！

随着你一再强化怎样的心理习气，你便处于愉悦或不愉悦的环境。虽说一切如幻，你的感受却非常真实。

有些人总希望不劳而获，

不安忍勤学到头来只会伤害自己。

死亡将至时，他们会像天人五衰那样呼喊：

唉！我饱受忧苦折磨，要堕落了。

我们不都喜欢不劳而获？只要借由燃烛或绕塔便能开悟该有多好，我们就不用一直训练自己自省和放下了！

经教上说六道轮回中，天道是长时享乐、无有痛苦的地方。这是一般人所向往之处。当然，问题还是出在人与事都是短暂无常的，天人的长时享乐也不例外。

天人的问题在于内心对享乐和舒适感到满足。然而，正如一切六道众生，时候到了，天人的福报也会享尽。这教示告诉我们，一旦失去这种高水准的享受是极端痛苦的——并不亚于在地狱受苦！

要运用这宝贵的人身舟筏，
来渡越生死的大苦海！
这人身宝筏，再得不易。
愚人啊！时间不要用来贪睡呀！

寂天菩萨再一次以佛法开导自己，现在可不能糊涂，而要运用这宝贵的人身舟筏。这珍贵的人身可能不易再得，我们不会知道可以拥有这个生命多久。

然而，对菩提心已然觉醒的人来说，人身永远是很重要的。无论我们所处的情况有多糟，无论我们的病痛或残障有多严重，如果我们能运用这些困难来唤醒慈悲心，人身仍是珍贵的。当然，如果我们不利用这些良机，外在的损害和内心的痛苦，将不免令我们意志消沉。然后我们便顾不了他人的痛苦，也记不起菩提心的良善和开放。

圣教是无边至乐的主因，
你却背弃它。
在娱乐消遣中你能得到什么快乐？
不过是在今生来世的痛苦中迷失了方向！

寂天菩萨思惟过死亡之后，此处再讨论第二类懈怠：不想努力，失去意愿。一位西藏上师形容这类懈怠是“毫无行善的意愿”，我们懒得帮助自己或他人，我们弃佛法于不顾，漫无目标，任由区区的追求令内心涣散，结果在今生来世的痛苦中迷失了方向。换句话说，我们所作所为令自己更没有意愿去努力行善。

第十六至十九颂中，寂天菩萨讨论第三类懈怠：畏善或自贬之懈怠。这对西方人是一项重要的修行。想要从痴惑和痛苦中解脱，靠的是诚实的自省。例如：安忍的修行，靠的是诚实地认识到自己不能安忍，并怀有敌意。然而这类省思必须基于对自我的尊重和仁慈。

Dzigar Kongtrul 仁波切强调跟自己维持良好关系的重要，否则觉醒之路很可能遥遥无期。一旦比从前更清楚看到自心的烦恼和狂野，可能会加重罪疚和自贬。这类负向思惟，只会令修道进程缓慢停滞。

第十六颂中，寂天菩萨给了我们三个对治畏善的法门。这是三种振奋自己，并与自己建立慈悲关系的方法，也就是与自己的关系充满尊敬和爱。甚至清楚承认自己的短处，也不会影响这份良好的关系。

莫垂头丧气，拿出所有力量；
坚定意志，令心堪能有力！
观照自他平等，
修习自他交换。

他的第一个忠告是拿出所有力量。你不再继续伤害自己，反而教导自己佛法。若要勤聚福慧资粮，你必须以对自己有意义的方式来自我提醒：一再增强“自己不够好”的想法和感受，是没有好处的。假使你已咬了一口诱饵，感到自我伤害的习气又在拉扯了，那就要勤聚智慧、勇气和幽默，来扭转乾坤。

问问自己，我在增强当前的感觉吗？我要和本初善一刀两断吗？提醒自己：我根本的天性是无条件的开放和自由，烦恼只是相对、无常的现象，无须将这种短暂的能量当作实体。如此一来，我们便以佛法开导了自己，阻断了沮丧的连锁反应。

我们须谨记，自心是可以调伏的，并以此来振奋自己。正如Trungpa仁波切所说：“在痴惑的心中所生起的一切都是过程，每件事都可以改变！这是一则无畏的宣告，是狮子吼！”

第二个方法是认真习定，令心堪能有力来提振士气。这意味着为自己的心情负责，认识到自己并非受害者。接下来，找一个方法阻断沮丧的冲力，而不是一味失念地因循旧习。

第三个建议是观照自他平等，超越自我中心的狭窄视野；可借由修习“跟我一样”来认识彼此的相同之处。如果你为自贬所苦，对自己说：跟我一样，许多人也正在努力处理同样的心态；跟我一样，所有人都想要安适和自在，想自苦难和罪疚中解脱出来。

这类思惟帮助我们向外看，向他人打开心灵。不再武装自己，柔软的悲悯心就进来了。以此为基础，我们可以修习自他交换！

此修行一般称为自他交换法或施受法（tonglen）。一开始先联系上自己的念头和情绪，不经这一层，我们无从得知他人的感受。这意味着碰触到我们的感受——愤怒、自贬、怨恨、嫉妒等——同时认识到这些感受人人都有。它们并非修道路上的障碍，反而可以引领我们真正了解他人的苦难，这是唤醒真正慈悲心必要的踏脚石。

在任何时刻，全世界的人都与你有完全一样的感受。如果你会生气，记住有几十亿人同样会生气。接着，以出入息为媒介，将愤怒的感受纳入。吸入愤怒，并愿每一个愤怒的人，包括你自己，都能减轻愤怒，然后将开阔和放松呼出给所有众生。

更大胆的方式是吸入痛苦，有意地将痛苦带给自己。例如你在生气时，可以这样对自己说："我既然已经为愤怒所苦，愿这痛苦在我体内成熟，让别人感觉不到。"这是革命性的改变，能够让我们行事不再只顾自己。入息时，去感受那种痛苦，完全去拥有它；出息时，呼出放松，同时希望每一位众生都能自情绪的痛苦中解脱出来。

如果你还没准备好运用这样大胆的方法，也没有关系。不需要在还没学会游泳之前，就往池子深处跳。斟酌自己的力量来修习自他交换法，仍可以达成相同的愿，你设身处地为人着想的本领将与日俱增。

当我们开发出更深度的菩提心，便更能体验生命中那常住不变、超越概念的开放性，因为我们的本性从不会被世间的痴惑和痛苦所改变。只要瞥一眼天空般广阔的心，都会深化我们自他交换的体验。若了然于此，即使仅仅在观想上练习，我们也可以：入息，希望一切众生早日显现真实的本性；接着出息，带着同样的愿。

> 但我怎能证得无上菩提呢？
> 别这样怯懦，老为自己找借口！
> 如来这位实语者，
> 说过这样的话：
>
> 所有的蜜蜂、蚊虻、昆虫、蠕蛆，
> 若发起精进，

都可轻易
现证无上菩提。

寂天菩萨继续检视畏善、自贬所带来的不必要负担。当我们看到自己的痴惑，便会怀疑自己到底如何才能开悟；当我们身陷低潮，便会怀疑自己到底有没有开悟的潜力。但是寂天菩萨说：别这样怯懦，老为自己找借口！你可以训练自己放下，别沉溺在这种负向的念头中。我感觉他在给我们禅修指导，当我们士气低落时，他说："打起精神，如果昆虫、蠕蛆都可以坚忍证悟，我们当然也可以！"

何况我生而为人，
能够明辨善恶，
只要在菩提道上精进不懈，
为何不能证得无上菩提呢？

寂天菩萨在此非常温柔，他说我们可以信任自己。我们和昆虫、蜜蜂都不一样，我们天生能够分辨何种行为将带来利益，何种行为又会引发痴惑和痛苦。我们看得到何时被 shenpa 的能量所钩绊，何时没有。我们从尝试错误中，知道习气的冲动会引发什么后果。我们也知道仅仅在直观体验中放松——而不随意表现出习气的冲动，是何等的轻松。

最重要的是，我们知道一旦自己又堕入习气反应，我们有方法可循，重回到直观体验。我们练习像木桩一般安住，我们可以从事自他交换，我们可以佛法开导自己，或者我们可以在标签和文字背后那超越言说的能量中放松。

我们发现自己确实可以有选择：我们可以加强旧有习气，然后受苦；也可以阻断习气，海阔天空。我们常常没有抓住重点，但区分两者的天赋从不会失去。

成佛必须施命舍身，
这吓着了我——若你这样说，
那你的恐惧是错置了，
这是由于你糊涂得不知利害轻重。

打从无量劫以来，
你被割截、刀刺、火烧、剥皮——
次数之多算都算不清！
却未因此令你证得无上菩提。

这些颂文以温柔的力量来消解自我疑惑。一个沮丧绝望的人可能会说："这些训练我做不来，太痛苦，太吓人，要求太多了。"对此，寂天菩萨回应说：别将标准设得太高，这又不是耐力测验。如果像割、烫等苦行就可以开悟，那你早就开悟了。你在这一生已经受了那么多苦，更别提前世了。

菩提道上的困难是不一样的，
这种痛苦有限，
就像病人为治愈体内的病变，

暂忍开刀的痛苦一样。

医师和精于疗术之人，
皆利用医疗小苦来去除疾病大苦。
同理，为了拔除生死轮回的忧苦，
我们应暂忍修行的小苦。

然而，大医王佛陀并不用
一般的疗法，
他会使用最缓和的法药，
疗除无量无边的烦恼沉疴。

当然，菩萨道上会遭遇困难，但都是暂时的，犹如少量的苦口良药能防治生死攸关的疾病。佛陀并不推荐在印度流行的一般苦行，他的教示鼓励温和、放松。我们不怀企图心来修习，不过是当自心跑开了，再温柔地带它回到这瞬息变换、无有实体的当下时刻。

佛陀教导我们修习布施，
是从惠施食物或其他小物品开始，
后来，逐步建立习惯之后，
就能够施舍自己的身体了。

佛陀建议修行须有次第。我们从目前立足点开始，布施食物、零钱，或者任何令自心伸展的物品。我们修习“跟我一样”，或观想布施一些我们的珍爱之物，逐渐习惯一点一点扩大开来。

我们会自然而然在日益困难的情况下做得更多，我们也不必强迫自己，或期望自己做出超过现在所能做的。如果我们把修行弄得像苦行，那就得检视一下我们在做什么了。如果律己过严，我们不妨放轻松些，多些温柔和幽默感。

我认识一位男士，他花了十年试图从事藏式大礼拜的修行，但每天都只能做几个，于是他心生罪疚和沮丧。后来，他的禅修老师很有智慧地建议他每天只做三个。他第一个反应是："那不够。"但老师坚持要他这样。一周之后，他想要每天早上做五十到一百个，老师说："不要，只做二十五个。"但在一个月内，他热切地做到上百个。这种极为温和而放松的方式，突破了他的抗拒心。

菩萨有时必须退后一步，这并不是放弃，而是要找出我们能精进努力的地方。这是我们得实验一下的，我们得亲身去发现哪些太紧、哪些太松；哪些带给我们利益，哪些带给我们更多伤害。

一旦现证自己身体与所布施的食物无二无别，
那时候啊！
再布施身体器官，
又有什么困难呢？

等到我们看不出自己的血肉与汉堡肉排有什么区别的时候，牺牲自己以拯救他人性命，对我们而言就完全没有问题了。然而在现阶段，我们最好还是精进不懈做可以做的事，先别操心未来。温和仍是在修道路上前进的关键。

罪业已净除，从此没有身苦；

心已善巧，从此不会心忧。

因此身心二者，

都不再为邪见和罪业所苦。

对觉醒所需的仁慈、次第的方法作过一番思惟之后，寂天菩萨又指出两种主要的苦因。其一是造作恶业，这里是以罪（sin）和罪恶（sinfulness）来表示。只要对因果有一点点了解，都会知道对自己伤害最大的，就是去伤害他人。

第二个原因是封闭又不善巧的心灵，指的是内心固着、分别区隔，无法放下偏见看待事物。我们对自我和他人有着实体的概念，对自己能接受. 不能接受的事物也带着同样固定坚实的观念，此即寂天菩萨所称的邪见。由于太执著于孰对孰错，对实相便不免有错误的认识。一旦我们将经验视为坚固的实体，现象的本性就遮蔽不见了。

因此，我们的心一旦超越了偏见，就不会再随意生起嗔怒和其他烦恼，同时也少受些苦。直到自心返回自然的柔软和开放，我们便会尝到解脱的滋味。

福德是身体轻安的主因，

自心的快乐是修行所致。

慈悲的人为了利生而长住生死，

有什么可以令他们悲伤的呢？

接下来寂天菩萨转移话题，举出三种乐因。第一，身体轻安是一种功德，或者说是我们明智而善巧的行为所产生的福报，也是能够放下的正向果报。

这就出现了一个有趣的问题：我们花了那么多时间和精力维持身心的健康，为什么仍会遭遇意外或罹患致命疾病？佛教认为，究竟而言，良好的福德，诸如健康等，并不是靠维他命，而是我们前世的善行所造成的。若此属实，那我们最好别再增强负面习气，让自己受苦。这不能斥之为无稽，而是值得我们思惟并探究的。无论如何，当我们愈有智慧、愈能慈悲，在灾难来临之时，我们便能够将苦难视为觉醒之途的一环。

第二，寂天菩萨说心理上的安适，并不靠外在的享乐，而有赖于我们如何调伏自心。我们愈能训练自己放下固定实体的观念，并向他人打开心灵，我们就愈快乐。即使有沮丧和疑惑生起，我们也不会任其节节升高；我们会知道如何放下念头，安住当下，并放松自己。

第三，无事能挫折菩萨为了利生而长住生死。我们既已决定将生死轮回中的种种挑战，当作是觉醒之途的一环，怎么还可能耽溺消沉呢？我们既已训练自己要将不利状况转化为觉醒之道，也不可能在事情失利时，为失败感所困。

> 由于菩提心的力量，
> 往昔的罪业尽除，
> 深广如海的福德汇聚。
> 因此我们说：菩萨胜过声闻。

此处提到的声闻，是指在修道路上回避生死轮回的人。菩萨和声闻的主要分别是面对混乱世界的心态。举例来说，声闻弟子可能会认为自他交换的修行和佛陀教示正好相反：既然佛陀的整个法教都是关于苦的解脱，他会教我们吸入痛苦吗？声闻弟子厌离生死轮回，这一点我们大概可以了解，他们的目标是究竟寂灭与寂静。

另一方面，菩萨一直都准备好无惧地面对痛苦，愈多痛苦之处他愈要去，即使是地狱，因此有深度如海的福德汇聚。当然，我们也得现实一些，视情况量力而为。这样训练自己面对每日的挑战，将令我们愈来愈有勇气，愈来愈能处理未来更加艰困的局面。

在下一段颂文中，寂天菩萨为我们打气，并让我们看到自己有所选择。我们一旦学到怎么样面对问题，我们一旦感受到内在力量的潜能，就无须气馁或沮丧了。

因为骑上菩提心的千里良驹，
可超越菩提道上的倦怠沮丧。
从安乐驰向更殊胜的安乐，
怎可能退转而舍弃菩萨行呢？

风是寂天菩萨对精进的第一个比喻，现在他又用马的意象。菩提心的千里良驹，从安乐驰向更殊胜的安乐。这真是美丽的景象！我们不是穿着磨痛脚的靴子，行走在滑溜溜的陡坡。我们是热切地驰骋过这一片称为“人生”的独特又珍贵的训练场。

保护众生善法的力量是，

信乐力、坚毅力、欢喜力和放舍力。

借畏惧苦报，并思惟修行的利益，

可以引生信乐力。

此颂开始了另一番教导：为众生的利益而精进，可以依止四种力量：信乐力、坚毅力、欢喜力和放舍力。第三十一至四十六颂讨论的是第一种力量——“信乐力”。

信乐力是渴望自己从烦恼中解脱，以便帮助他人减轻痛苦。这种渴望真诚而深刻，并不是为了想使自己看起来像个大善人。

信乐力是深刻的信念，可以这样行诸语言：“愿一切众生享受快乐以及快乐因，愿吾人皆自苦及苦因中解脱。”这可不只是空泛的优美词藻。这就再度肯定了发菩萨愿意义深刻，同时也支持着我们。有如为车子加满汽油，我们向前奔驰，毫不犹疑。

但诚恳的信乐从何而来？寂天菩萨说是由于畏惧苦报——害怕一直向习气低头会引生负面果报，也知道正知而不散漫将带来正面果报。你或许想问我，修道之路是否真能让人快乐，我很欢喜地告诉你，如果你能温柔地调伏内心和情绪，是一定会为你带来幸福的。

为断除菩萨行的障碍，

我将努力增长精进——

经由喜悦的实行、热忱、自制，

也经由信乐力、坚毅力、欢喜力与放舍力。

寂天菩萨再一次表示他将精进努力于菩萨生活。有这么多方法帮助他，他欢欢喜喜地不再懈怠，热切地向前行。他表示他要召唤四力、喜悦、热忱和自我控制，这些特质都源自于了解业力和解脱的利益。

但愿我们大受鼓舞，加入他的行列！让我们一起努力，让每个人竭尽所能，为这黑暗的时代带来少许光亮。

自他的无量罪业——
我曾誓言净除，
即使净除其中任一罪业，
需要多生多劫的修习。

然而对于这项伟大的事业，
我仍看不到我有丝毫的把握——
想到来生将充满无量痛苦，
怎不伤心欲绝呢？

这里有两份情怀。其一，寂天菩萨说，无论达成这项伟大的事业是多不可能，他也不会气馁。接着，像我们一样，他想了想："等一等，我以为我是谁啊，敢说这种话！我没有做这份工作的能耐啊！"然而，寂天菩萨话锋又转了：他诚实自省的能力，不会令他面对这事退缩不前。

为了自他的利益，
应修善法虽多，我仍须努力圆满，
即使要修成其中任一功德，

需要多生多劫的修习。

寂天菩萨看见自己的弱点，却毫不消沉，这就是修道之路所以走得下去的原因。因为我们每一个人都有觉醒的条件，如果必要，寂天菩萨愿意永远鼓励我们。这可不像磨拭一块煤炭，永远无法成为钻石。我们的本性即如珍贵宝石，虽然暂时埋藏泥中，却仍光华璀璨不受影响。我们需要的，只是将自己的本性显露出来。

在这种心境之下，寂天菩萨再一次肯定他将精进修行。他会让如宝石般的本性显露出来，并帮他人也达到此一境地。他列出自己诸多的不完美，也承认自己的懈怠和“我最重要”的心态。但同时，他从未怀疑自己和佛陀一样，有条件唤醒内心的开放与温暖。

我直到现在仍未曾
修成丝毫应修的功德；
为追求区区俗务，
虚度珍贵的一生！

我从未供养诸佛，
我从未布施僧众，
我从未遵行佛法，
我从未满足贫者的心愿。

我从未鼓舞畏者生起勇气，
我从未安顿倦者得到休息。

唯一的成就只有
母亲生产的痛苦和子宫的不适!

我真钦慕寂天菩萨的勇气。他坦承花了太多时间为自己着想，但他并不沮丧或自我憎恶，反而开了个玩笑：“好像我今生的成就只是母亲生产的痛苦和子宫的不适。”一点幽默的自贬，在菩萨道上挺管用的!

我之所以落得困顿贫乏，
是因为无论前世今生，
从未对佛法具有信乐力!
如此，谁会不信乐佛法呢?

此处寂天菩萨又描述因果的运作：我今生不利的条件，是过去世心灵封闭的果报。然而，我现在可以发愿开放心灵。既然知道在日常生活中不应用这些教示会尝到什么苦果，我怎么可能不这样做呢?

本师释迦牟尼佛曾说：
信乐力是一切善法的根源。
而信乐力的根源，
是经常思惟业力因果。

他再一次提到诚挚发愿的利益。一旦我们思惟因果的必然性，这些言语更显得感人、真诚。

身苦、心忧，

各种恐惧战栗，

求不得——

这些都是恶业的果报。

若我行为清净，反映出清净的内心，

无论走到何处，

都会受到尊重荣耀——

这是善行的果报。

若我追求快乐却为非作歹，

无论走到何处，

苦难的刀刃都会将我砍倒——

这是恶业的果报。

总之，善行导致乐果，恶行导致苦果。寂天菩萨一再重复，因为这不是我们可以很快就掌握得来的教导。如果我们受困于地狱一般的处境，唯一使痛苦和缓的方法，就是将剧苦的心平静下来，重新反省我们以自我为中心的习性。我们一旦开发出觉醒的心，到哪里都会感受到同体大悲的世界，这是寂天菩萨一再强调的讯息。

第四十四颂描述生于净土——最好的状况！

> 我将因善业，生于香洁广大莲花藏中心的清凉之处，
> 佛光普照，莲苞绽放，
> 由于佛陀甘露法语的滋润，我的身心焕发光彩，
> 在佛前欣然成为佛子。

第四十五颂提到另一个可能的替代方案。

> 或者因恶业而堕落，被狱卒剥皮，
> 死魔用滚热熔化的铜浆浇灌在我的身体上。
> 继以燃烧的剑矛不断地劈、砍、割、刺，
> 血肉横飞四溅，掉落在白热的铁地上。

寂天菩萨在此提出他的方案。他说明事实，现在我们得自行选择目的地：你比较喜欢生于香洁广大莲花藏中心的清凉之处？还是被燃烧的剑矛不断地劈、砍、割、刺？

> 所以我将信乐并希求善法，
> 虔敬修习。
> 并以《金刚幢经》的法门，
> 修习信乐。

在《金刚幢经》（*Vajradhvaja Sutra*）中，佛说菩萨愿不计困难普度一切众生，犹如阳光普照大地，无有分别。在这种心境下，寂天菩萨发愿继续训练自己。

这便结束了信乐力的利益，下两颂讨论坚毅力，也就是四力中的第二力。

让我首先评估自己的能力，
再决定发心还是不发心。
根本不要开始，
好过开始之后又半途而废。

半途而废的习气会在未来世复发，
因而增长罪业与苦果。
如此，其他的善业便不能贯彻，
若不然，仅能感得微小的果报。

坚毅或稳定，随决心而来。对所为之事欠缺决心，易产生自我怀疑。因此，寂天菩萨请我们事先考虑清楚，是否要承担这份任务。初发心菩萨容易为救度他人的想法所吸引，热切地想展开工作；可是一旦此份工作遭到严酷的挑战，又退缩不前了。

禅修时也是如此。我们定下高远的目标，结果却觉得无聊、丧气或干脆放弃。根本不要开始，胜过半途而废。无论我们情绪高昂，还是陷入低潮，寂天菩萨劝我们都要坚持下去。这就是我们应该每天禅修的原因。无论身处情绪风暴，还是晴空万里，保持稳定是菩萨训练中很重要的一环。它能够让我们对自己慈悲，不会被情绪或外界情况弄得摇摆不定。

踌躇犹疑和优柔寡断也会养成习气。如果不贯彻始终，就会增强这种习气，最后导致痛苦，我们会认为自己成事不足，败事有余。说来讽刺，一切其实是我们自己老早就写好的脚本。

Trungpa 仁波切也劝我们，如果遇到困难便半途而废，那最好根本不要开始修道之旅。他比喻，这就好像我们在手术台上觉得太痛苦而决定中止手术。一旦我们开肠破肚、内脏外露，却决定起身离去，这可不是一件美妙的事。

> 行动、断除烦恼和能力，
> 这三方面我应有所自信。
> 我会以自己的力量，修学一切学处！
> 此话说明我行动上的自信。

第四十九至五十九颂中，寂天菩萨讨论了自负和自尊，指出后者是真正精进的因素。在第四十九颂中，引以为荣的行动上的自信，即是信心的同义词，然而，这信心如何应用于行动、断除烦恼和能力三方面，则需要进一步的解释。首先，寂天菩萨知道哪些行动有益，哪些无益；其次，他相信自己能善巧而耐心地处理烦恼；最后，他有信心，开发本初善的能力是他与生俱来的。

正向的自尊能激励人心，如生命的火花，启发并鼓励我们。凡俗的自负——优越感、瞧不起人——只会让我们更脆弱。

> 凡夫的心力都被烦恼削弱，
> 不能保住快乐。
> 比起一般流转的众生，我尚有能力——

所以断除烦恼应是我的选择。

虽然寂天菩萨说，在修道路上不要养成任何习性，但他现在却在激励我们养成正向的自信。环顾四周，他知道他的机会比大多数人都好，有些人根本不认为诽谤、憎恨甚或杀人是个问题，想都没想过要处理自心和情绪。比起这些不幸的人们，他非常自信能够走上菩萨道。

其他人投身于俗务，

我又怎能纵容自己与他们为伍呢？

但我不能让自负或骄慢阻挡我与人相处的机会，

最好的对策是放弃这种自大傲慢。

我们都知道跟某些人厮混，有多容易变得贪爱耽溺。如果我们过去曾吸毒或酗酒，再回去和那些朋党称兄道弟，简直是自寻死路。但我们如何在自己和不健康的环境之间画上一道界线，却不会觉得他人邪恶或差劲而瞧不起人？这一点需要善加思惟。

我们在菩萨道上坚持愈久，看到人们陷于痴惑就会愈加心碎。我们不会藐视他人或自觉高傲，只看到他们跟我们像极了，我们不过比较幸运。他们出于一些原因，还没有能够放弃贪爱的事物，或从毁灭性的人际关系脱身。

如果我们必须和他人保持一段距离，并不是因为傲慢，只是因为我们够聪明，知道自己还没有能力处理某些情况。我们发愿未来有能力走遍四方救度众生，但也正视现实，自己现阶段还没有这个能力。

当乌鸦遇到奄奄一息的毒蛇，
也会像滑翔盘旋的老鹰一样行动；
同理，若我对抗烦恼的心力太弱，
连最微小的烦恼都会侵害我。

贫穷的心态会构陷我们，让我们觉得好似遭受攻击；小得不能再小的事，会让我们怀疑自己的能力；无足轻重的评语，也会使我们觉得自己不够好。

寂天菩萨用死蛇来作比喻。当毒蛇生猛健康时，犹如一个自信的人，不易受伤。但当它失去气力，便形同自尊低落的人，忽然间，最小的鸟也如滑翔的老鹰一样足以毁灭它，一点轻微的感觉也可以大大伤害它。

一碰到困难就怯懦逃避的人，
怎能转弱为强呢？
但若信心坚定，
再大的障碍也难不倒他。

大多数人一碰到困难就怯懦逃避。只要碰到一点点不如意就弃甲而逃。寂天菩萨问，如果我们经常陷于自己不够好的感觉中，如何能够解脱呢？

我们可以认识自身的限制，却不夸大或屈从。一旦我们相信自心可以改善，那么我们的缺点其实就没什么大不了。它们有如云朵一样短暂，完全不会损及天空一般的心。对我们无限的潜能怀着这样的信心，再大的挑战也不会令我们丧失意志。

因此若有稳定的心，
定能消除我的罪业。
但假若罪业占了上风，
我想超越世间生死轮回的希愿，就是个笑话。

假如我们志向宏大，想要救度他人，却常常引发烦恼，这就有点不对劲了。假如我们想超越世间生死轮回，第一步就必须坚定地信任自己，能够智慧地处理烦恼，这样信心便可化为行动。

我要战胜一切烦恼，
不让任何烦恼击败我！
我就像是狮王一般威严的佛子，
应该经常安住在这种自信心当中。

自信心并不是有形或实体的事物。在我们放松并脱落了“自以为是”的心态之际，自信心就成长了。我们不必将情绪或念头看得过分认真，因为它们基本上是空的。我们不必苦苦与之奋斗，我们可以让它消解。从这样的观点出发，还有什么烦恼可以击败我呢？体验过非概念的空性，令我们有十足的自信。除了失去束缚，其他什么也不会失去！

被骄慢摧毁的凡夫，

只是烦恼众生，缺乏自尊自信；
他们落于邪慢的控制中，
怀有真自信的菩萨不会向骄慢屈服。

第五十六颂清楚指出“带有慢心的自负”（arrogant pride）和“带有信心的自尊”（pride of confidence）的分野，并直陈何者殊胜。

心生骄慢时，
就会趋向恶趣。
即使重生为人，也无法受用人身的殊胜，
成为食人残食的仆役——

愚笨、丑陋、虚弱无力，
到处受人鄙视。
自命不凡的人何其不幸！
若你说这是自信，请告诉我还有谁比他更可怜？

高傲骄慢会让人们不喜欢我们，这并不是吸引人的特质；我们一定找不到工作，因为没人会雇用我们；我们可能会失去福报，成为食人残食的仆役。

另一方面，绝对能消除烦恼的自信心是令人振奋的，因为我们内心真正了解每个人都是乔装的佛！

能以自尊征服自负烦恼敌，

才是真正具有自尊的胜者。
制服邪慢烦恼敌的滋长，
定能圆满佛果与众生的希愿。

本颂继续探索自尊与自负。寂天菩萨总结这一段，说他以自尊削弱自负。喜悦的信心，比自负的烦恼更有力量。他向我们断言，一旦摧毁了自负，自己和世间便得到了最大利益。

若遭受烦恼的围攻，
就要百般对抗。
不向烦恼屈服；
要像狮子身处狐狸群中。

无论遭遇多大的急难，
人们都会先护住眼睛；
同理，无论面临多大的困难，
我也应不受烦恼左右。

我宁可被烧、被杀，甚至被砍头，
在烦恼敌之前，我都不会低头屈就。
无论何时何地，
我绝不会偏离菩萨道。

寂天菩萨无惧地宣称：我们所有人都有潜能。若与烦恼认同，而不与本初善认同，是非常悲哀的：有如生为皇后，却自认是乞丐。

我所受的训练是寻找间隙：出息完毕的间隙；念头之间的间隙；在一阵突然的惊吓后，那自然发生、非概念性的停顿。Trungpa 仁波切曾建议我们停下来看看天空，或心无旁骛地聆听，有意制造间隙，他称此为“在云上戳个洞”。

没什么了不得的我，在这些稍纵即逝的时刻，没有内在喋喋不休的对话，没有僵冻凝固的成见，非常简单，却也非常有力。仅仅安住当下，那全然新鲜的时刻带来无可动摇的信心，狮子一般的尊严，拒绝采信任何负面或画地自限的情节。

但愿我们能够掌握到寂天菩萨的精神，如此外来的挑战或情绪的苦恼，便不能引诱我们进入无明和痴迷之中。正如人们遇到急难时，都会先护住眼睛，我们也会本能地阻断被钩绊的冲力。无论何时何地，我们会保持心的开放。即使面对死亡的折磨和威胁，我们也绝对不会向烦恼的引诱低头，不会自绝于与生俱来的权利。

应如很喜欢嬉戏的人，
菩萨在他们的每一个善行中，
都感到非常快乐，
乐趣永不消退。

世人为追求满足而努力不懈，
虽然不见得会成功；
但对乐于工作的人而言，
若不努力，怎能快乐？

第六十三至第六十六颂讲述了四力的第三力：欢喜力。欢喜加上愿求和稳定，是精进重要的元素。

宗萨钦哲仁波切曾说过，如果我们做的是自己不喜欢的事，总不免会拖拖拉拉；如果我们做的是自己喜欢的事——去游泳吧！吃爆米花看电影吧！——我们既欢欣又鼓舞。我们能不能将同样的精进用在解除痛苦上？从自我本位迈向觉醒的途中，能不能如很喜欢嬉戏的人？以这种精进面对挑战，生命便不断涌现快乐。菩萨的座右铭是"挑战愈多愈好"。

Trungpa 仁波切的岳母，从小生长于种族隔离的南非。她一开始很讨厌他，觉得自己的女儿简直像是嫁给了黑人。仁波切很欢喜地面对这项挑战，想要赢得她的欢心。岳母对他充满敌意，仁波切便要妻子邀请岳母与他们共进晚餐。岳母说除非他亲自登门邀请，否则她不会去。于是仁波切就去了岳母家，在她一开门时便跪下求她。仁波切像这样恳求了许多年，岳母终于毫无保留地爱他了。

喜爱挑战是菩萨的秘密武器。我们大部分人往往连最轻微的焦虑，空虚感的前兆，或一丁点的不安全感都想要回避，菩萨则是愈挫愈勇。

既然我永不餍足，
如贪食刀刃上的蜜汁，
那我怎可能积聚足够的功德，
来引生安乐和寂静的善果？

这意象——贪食刀刃上的蜜汁——已成为贪爱耽溺最有名的比

喻。由于蜂蜜太美味，我们停不下来，而我们可怜的舌头却已被割成碎片。所以重点在于，我们究竟应精进努力于短期的满足感，还是永续快乐的菩萨生活呢?

> 日正当午被晒热的大象，
> 会欣喜奔向清凉的湖水；
> 同理，我应该投入菩萨行，
> 圆满成办菩萨志业。

这就是真精神！正如大象晒热了，便直奔清凉的湖水，我们也欢喜投入能够将自己和他人从痴惑中解脱出来的志业。既然知道这会让我们得到疗愈，我们怎能不努力使炽热烦恼清凉下来呢?

> 身心俱疲时，
> 我将暂时搁置菩萨志业，另择时修习；
> 善行完成时，
> 我将放下，继续修习其他善行。

这里的主题是温和与休息的重要性。在我们下定决心之前，应先考量自己的能力，学着调整自己的步调。有情众生的习性，要不就驱策自己，要不就懒洋洋，两者最后都叫人精疲力竭。在菩萨道上保持热情和士气的关键，在于懂得何时该休息暂停。寂天菩萨以这样智慧而慈悲的忠告，结束了四力的探讨。

好比沙场老将在战场，
面对敌剑攻击一般，
行者应轻灵回避烦恼的武器，
以迅捷的功夫征服它。

本品最后的几则颂文，谈到了精进的几种特质。第一个特质是轻安。在解脱痛苦的过程中，我们容易变得太过严肃：既然人们现在就需要帮助，我们得赶紧将自己整顿好！但在与烦恼奋战中，过分使力也是一种自我本位的表现。寂天菩萨建议，与其挣扎奋斗，不如轻松些，就像孩童游戏、大象奔向湖水，也像欢喜的马儿、令人喜悦的微风——把精进带入修行中。

当然，一开始是不可能做到的，只有身经百战的老战士才有可能，但我们也无须气馁。现在或许困难，但制止烦恼并对当下生起的一切现象保持开放的心灵，就跟开车一样，练习之后就会变得容易。

在菩萨道上，即使直观空性之后，要能善巧地救度他人，也还需要极长的时间。同时，如果你能保持幽默感，并在紧张焦虑时，顽皮地逮住自己，轻安和信心就一定能增长。

好比战士在打斗时掉落手中的利剑，
因害怕被杀，他会迅即拾起来；
同理，若忘失正念之剑，
因害怕地狱的痛苦，要迅即提起正念。

精进的下一个特质是迫切感。轻安和迫切感的组合将使人所向无敌。一方面，为了自己的福祉，你必须排解烦恼；另一方面，如果你太积极，亦会产生另一种只顾自己的心态。个中诀窍在于，看到自己被钩绊，然后温柔、迅速地回到当下。

正如兵士在战斗中掉落了剑，不可能没事似的，我们也不能失去正知仍自以为是。当内心散乱时，烦恼便像一帮劫匪般住了进来。如果我们严厉或恐慌地想令散漫之心重拾专注，将永远无法产生修行菩萨道所需的自我慈悲。

好比毒液顺着血液在体内流动，
很快会就流遍全身；
恶念若逮到机会，
就会扩散渗透内心。

这是真的，我们不能低估微小的嫉妒或细微的憎恶带来的毒液。如果无知无觉，毒便会蔓延渗透内心。在此颂和下一颂中，寂天菩萨强调正念非常重要，是精进的一个要素。

好比有人被迫捧着满钵油前进，
身后有剑客威吓：
油一溢出，你就血溅当场！
持戒者应如此专注护心。

佛陀时代，有一位国王怀疑正念修行的力量。为了指正这位国王的错误，佛陀便叫了几个人来到皇宫，每个人都捧着装满油的钵，身后跟着一位剑客，只要持钵的人油一漏出，剑客便立即挥砍下去。虽然当时宫内笙歌鼎沸，却没有一个人将钵中的油滴出。所以当剑抵在你的背后时，即便有三个马戏团也不会让你分心！佛陀向这位国王证实了稳定的心所能产生的巨大力量。

好比察觉毒蛇上身，
人会害怕地急速将它抖落；
若察觉睡意和懈怠围攻我，
我会立即消除它们。

这是强调精进有多么迫切的另一个意象。当蛇爬上身时，你不会仍旧安坐着，欣赏蛇皮的斑纹，你一定会毫无犹豫地抖落它。我一向被鼓励要这样修行：如蛇入怀或如救头燃！

每次犯错，
我都应当深深自责，
再三提醒自己，
以后绝不再犯。

寂天菩萨在此处又回去参照忏悔的修行，虽然深深自责有点激进，但他的意思是诚实的自责是很重要的。在修道的路上，我们需要跟自己做朋友，否则寂天菩萨的这番建议，反而会误使人怀着无用的罪疚和自贬。

疗愈自己唯一的方法，便是在慈心的基础上自责。若认识到烦恼不过是烦恼而已，并培养真正的悲痛和厌离心，一切就不再是问题。这样，柔软而悲痛地希望自己不再伤害自己，我们自然会再三提醒自己，未来绝不再犯。

我们最好从西藏瑜伽士格西本恭甲（Geshe Ben）令人发噱的故事中来了解这种方法。这位离经叛道的人，一旦见到自己有任何慈悲和智慧，他就称自己为“格西尊者”，而见到自己被钩绊时，他就称自己为“你这笨蛋”。

格西本恭甲有一次去拜访施主，看到一袋大麦粉挂在墙上。他正好需要大麦粉，当四下无人的时候，他不自觉地将手伸入袋中。突然之间，他意识到自己在做什么，便放声高喊：“贼！贼！我抓到了一个贼！”当主人匆匆赶来，只见他站在那里，手还在袋子里。

又有一次，一位施主向所有出家人供斋，格西本恭甲坐在最后。当打菜的人开始分发他最喜爱的酸奶时，他开始恐慌了，“会不会分到我就没了？”“那胖比丘尼怎么能拿那么多呢？”他的怨恨开始增长。接着，他会过意来，带着懊恼，耐心地等着分发。终于轮到他了，他将手盖在钵上，大声说：“别把酸奶给这贪心的家伙，这个犯酸奶瘾的家伙已经吃够了！”

对我而言，这些幽默的故事经常帮助我认识到自己的心胸狭窄，却不会因此而自责或批判自己。

无论何时何地，
我都保持正念。
我将以这样的心态，
寻访明师并完成道业。

在开始行动之前，
为有充分的信心胜任一切善行，
我将思惟法教，正知正念，
振奋自己，轻松愉快去修习。

寂天菩萨以赞美正念来总结本品。当我们全然觉醒并安住当下，较能完成想做的事，并将老师的话语听进心里。我们往往内心散漫，大部分的体验都从指缝间溜掉，所以最好思惟寂天菩萨正念的教示，轻快而非严厉地依教奉行。

爬在树干上的苔藓，
任风吹拂而飘荡空中；
同理，身体轻安可以振奋人心，
圆满成办一切善行。

这一则美丽的颂文是关于精进的成果的，同时告诉我们可能达到的境地。虽然看到世间的痛苦令人心碎，但我们仍然对自己可以减轻——而非加重——世间的苦难而感到喜悦。这种快乐赋予我们巨大的能量。在从前，这能量只为自己服务；如今，过去刻意努力的一切都水到渠成，不费吹灰之力便自然发生，身体轻安，圆满成办一切善行，有多么令人振奋！

第八品（上）　修习禅定

《入菩萨行》第八品第一则颂文中，寂天菩萨指出波罗蜜是线性发展的，后面的波罗蜜根据前面的波罗蜜而来；精进波罗蜜养成之后，现在可以开始修习禅定波罗蜜了。然而我们的修道历程，并非都以直线进行。有时候，内心稳定而警醒，有时候又流散各处；有时候，我们向他人伸出援手，有时候又退居茧内。不过，只要发心够强，我们将渐渐更能安住当下，减少散乱；渐渐更加慈悲，不再那么自我中心。

> 发起精进之后，
> 要修习禅定。
> 因为昏沉、掉举的人，
> 会遭烦恼巨兽的利齿夹击。

第一至二十四颂，寂天菩萨探讨了调伏自心并避免散乱的理由。此处的讯息近似第五品，该品将狂野之心比喻为狂象，本品则说受制于散乱之心好比遭烦恼巨兽的利齿夹击。这两个例子都在说明未驯服的心会令我们受苦。

若独一静处，
身心就不会散乱。
因此，应舍离尘俗，
让心彻底不涣散。

寂天菩萨在这一颂中，开始讨论独一静处的必要。思惟这一部分颂文时，应该要忆念三者：dunzi，即无意义的内心散乱，浪费生命；shenpa，即被钩绊的感觉；对生死轮回的心碎或厌离。

当寂天菩萨说应舍离尘俗，意指我们为世间事物钩绊得多么严重，又多么需要找出时间来练习不散乱。

寂天菩萨并没有告诉我们，应如何相应于究竟真理而生活。他说的不过是若要令心稳定，我们至少要有一段时间，专心致力于去除dunzi。外身独一静处是内心独一静处的依止，重点在此。

如果我们不从忙碌的生活中稍作喘息，是很难调伏自心的，因此我们必须每日禅修。即使独自静坐一小段时间，也能安顿自心，时间长一些当然更佳。

因为贪恋亲友和名利，
就不可能生起出离心，
因此，他们是首应舍离者。
这是智者的思惟。

第三颂指出常见的贪爱耽溺：向外寻求快乐，以为我们能从美食、财富或伴侣身上，得到我们想要的欢乐。我们习于受贪爱左右，这是寂天菩萨关切的重点。从本质上来说，我们并不需要放弃亲友和名利，而是要放弃我们投注其上的不切实际的期待。痴心妄想很容易变得比希求觉醒心更能驱策我们。

修止之后修观，
就能尽除烦恼。
故知首应修止，
喜悦发出离心才能成就。

止是指奢摩他所生的内心稳定，以平静稳定之心修观才能处理烦恼。为了培育这样的稳定和觉醒，我们需要安排时间独一静处。

众生的生命短暂无常，
若强烈贪爱同样无常的事物，
那么纵使投生千百次，
也不会获得安乐。

这种人没有喜悦，
因此也无法得定。
即使浅尝止境，也还是不满足——
结果仍如以前一样，因求不得而苦。

众生的生命短暂无常。若依恋同样短暂无常的事物，内心是不可能满足的。我们都看得出世间事物不断变化，包括我们自己。

既然无常跟我们想抓住什么的意图背道而驰，外界的享乐便绝不可能为我们带来永恒的喜悦。即使我们努力得到了短暂的满足，也不足以填补我们对快乐的向往，反而只会增强 shenpa。就如 Dzigar Kongtrul 仁波切所说的："想从人际关系或财物之中寻得永久的快乐，就好像是喝盐水止渴一样。"

若渴求贪爱其他众生，
诸法真实性就被覆障。
导向解脱的厌离心消失，
最终只是受苦。

若一心思念所爱的人……
今生便将虚度。
亲友终须一别，
却因执著他们而错过不死之法。

寂天菩萨的教学方式是一遍又一遍带我们回到重点。这些颂文再次说道，一旦我们渴求贪爱另一有情众生，诸法真实性就被覆障。换句话说，这些贪爱将蒙蔽内心无分别的本质，结果导向解脱的厌离心便消失不见了。

厌离一次又一次重复的事，即是导向解脱的厌离心，因为它有利于我们打破习气。相较之下，凡俗的厌离心则是有“我”的憎厌——我不喜欢这个，我不要那个——只会使习气更加坚固。寂天菩萨说，若在外界的事物中寻求安全感，我们便看不清实相短暂无常、不可确定的本质。结果，我们对觉醒的希求可能蒸发于无形，来不及觉醒，最终只是受苦。换句话说，我们没觉醒之前就死了。

即使在几百年以后的今天，我们仍然可以轻易地了解寂天菩萨说的，若一心思念所爱的人，今生便将虚度。我们总是想着他人：所爱之人、亲人、喜欢和不喜欢的人。我们耗费了整个生命，一心放在我们所贪爱和鄙视的对象上。同时，说来悲哀，直到亲友终须一别，我们都还带着坚固的贪爱“习气”。更悲哀的是，我们可能在过程中失去了想要解脱的热情。

若我的行为形同稚童，
必定堕向三恶趣。
为什么要与稚童为伍，
远离菩提行呢？

这一刻是朋友，
下一刻就变成仇敌。
即使好事也会惹起不快，
凡夫——真难伺候啊！

忠言逆耳，反遭嗔恨，
世人所行只是让我们放弃善行。

若我充耳不闻他们的话，

他们会起嗔恨而堕入恶趣。

佛陀常将我们这样的有情众生，与孩童或愚痴的众生相提并论。我们之所以愚痴，是因为不断追逐我们贪爱的对象。寂天菩萨并没有说他不再愚痴，他只是说我们都是如此，而且如果一直这样，要减轻贪爱恐怕是缘木求鱼。

我们若钩绊在生活连续剧的情节里，只会增加更多痴惑。愚痴的众生可以前一天是密友，隔天就变成敌人。出自好意的行为，有时也会带来麻烦。你有没有曾经试图安慰或鼓励某人，换来的却是对方的反感？但你若选择充耳不闻，也还是会引起他人的不悦。派对上流传的闲言闲语，你若不跟着附和，同样会引人侧目。

读了这些颂文，你可能会觉得寂天菩萨是个难以取悦的人。但你只要花点时间细细思惟自己最近十二个月的经验，你就会发现他说的都是事实。

愚夫遇好就嫉妒，棋逢敌手则竞争；

对卑微寒士就傲慢，受称赞则骄矜。

听到逆耳之言又怒气冲冲——

从他们能得到什么法益呢？

与他们为伍，会有什么结果？

必定自赞毁他；

谈论世间的“好事”，

种种恶业就会到来。

这些颂文描述我们经常颠倒错乱。面对比较富有、受欢迎、长得体面或有地位的人便心生嫉妒；遇到跟我一样的人，便好强争胜；对于不如自己的人，则态度轻蔑或傲慢。

将这些偏见转化成修行是很容易的。遇好则修习随喜，如此一来，那些人的身份地位便能唤醒我们觉醒的心而有益于我。棋逢敌手不必争胜，反而可以练习仁慈和敬重。对卑微寒士则修习悲心。可惜由于习气，我们的反应颠倒错乱，以致错失大好的修行机会。

和愚夫情感上的纠葛，对彼此都没有益处。抬高自己，贬低别人，喜好世间的“好事”——精彩假期、醇美佳酿——我们从此更深陷于短暂无常的享乐。在此一修道阶段，很容易受到彼此情绪的钩绊，非常危险。

寂天菩萨再一次强调，我们应安排时间独一静处，来消解旧有习气。

与愚痴之辈交往，
只会毁灭双方。
他们对你没有任何利益，
你也不能给他们任何好处。

因此应远离愚痴凡夫。
一旦遇上了，就和颜悦色，
以礼相待，

但不要过从甚密。

犹如蜜蜂在花朵上仅仅采蜜，

我们应只取与法相应的部分。

视愚痴之辈如第一次见面，

切莫进一步攀缘。

钩绊在人际关系中总是令人沉沦，既无人获益，也欠缺建设性。过度耽溺于论人长短、吹捧自己、诽谤中伤，犹如蜜蜂采蜜却被卡住，简直可置人于死地。我们大可彼此珍惜却不相纠缠，我们可以像比较聪明的蜜蜂，只采集帮助我们保持善心的蜜，却不会无望地身陷其中。

这个法教向你下了战帖，其中多少还有一些侮辱和不安。但说真的，我们可曾利用目前的人际关系来唤醒菩提心？其实我们多数人并无恶意也不想伤害他人，而且我们将修行当作与有情众生同甘共苦，而非回避众生。然而，只要我们仍易于引爆情绪，并受到贪爱的引诱，那我们确实需要独一静处，以加强内心的稳定和觉知。

就像要成为一个脑科医生，如果真有这样的发心，我们会去医学院接受密集训练，而不会在家试验。寂天菩萨并不是说就别交朋友或与人互动，他是告诫我们少些情绪反应，多些智慧。

内心的稳定犹如烛火，刚开始是十分脆弱的。独一静处有如玻璃灯罩，保护火焰不被风吹熄。一旦火焰稳定，便可将灯罩拿开。这时，风就不再是威胁了。

我年纪愈大，愈倾向长期闭关，但我了解对许多人来说这是不可能的。然而，你可以每日禅修，或者参加一日或周末禅修；如果愿意花更多时间当然更好。重点在于生活中必须有时间独一静处。为了处理外界的困难情况，我们必须聚焦内在力量，一天十至二十分钟的禅修都会有帮助。去做吧！

我听过最令人鼓舞的，是 Dzigar Kongtrul 仁波切祖母的故事。她每天要做的事情很多，从早到晚都得辛勤工作，但她利用间隙修行而得到很高的证量。她不与人交谈时，就放松自心，安住当下；她在挤牛乳、洗碗盘或行走之际，就利用机会安顿并扩展自心。在每一个间隙中，她都能够做到身体的独一静处，于是发现不动摇而且深度的内心独一静处。

> 我的利养丰厚，又受人瞩目；
> 我拥有甚多，生命真美妙！
> 若不断纵容这样骄慢自大的心态，
> 死后必堕恶趣，恐惧才开始哩！

> 真是的，愚痴烦恼的内心啊！
> 你渴求、你贪爱任何事物，
> 结果“任何事物”将会变成
> 千倍的痛苦。

第十七至二十一颂指出福报令我们内心散乱。伟大的禅修老师顶果钦哲仁波切（Dilgo Khyentse Rinpoche）教导我们，有时处理有利状况比不利状况还要困难，因为它们充满乐趣，他称之为“有利的障碍”。

当有人对我们生气，或许会提醒我们观想安忍。当我们生病，我们所受的苦，令我们同理他人的痛苦。但当事情一帆风顺时，我们的心轻易便接受了。如同油被吸入皮肤，对有利情况的执著顺理成章，它无声无息地渗透进我们的思想和感受。我们一时还没想清楚，便已经着迷于自己的成就、名声和财富了。从“有利的障碍”解放出来是很难的，如果我们拥有了一切我们所想要的，他劝告我们视这些福报宛如一场美好的梦境，不要受它引诱。正如寂天菩萨说的，愚痴烦恼的内心啊！你渴求、你贪爱任何事物，但是任何事物都不会有足够的时候。我们得到的愈多，欲求就愈多。

所以，智者无所贪着，
因为贪着只会引生恐惧和痛苦。
你应有这样坚定的智慧：
你所渴求的事物，其本质必趋于毁灭。

世人可以富甲一方，
也可以名闻千里。
他们背负着财富和美誉，
但谁说得出，他们如今到哪里去了？

所有在历史上获得财富和名声的人，于今何在？他们都消逝不见了，而且到最后背负着财富和美誉有什么用？它们并不曾在死亡时有利于那些人，自然也不会有利于我们。

当然，世间的美好事物，可以作为觉醒的依止。当我们安适自在时，便能奉献更多时间从事禅修并利益他人。但通常它们也会引诱我们，让我们更汲汲于追求，产生更多的 shenpa。正如 Trungpa 仁波切所云："我们不是很荒谬吗？"

赢得赞美，为什么要欢欣呢？
还是有其他人会讥谤批评我。
遭到毁谤，为什么要沮丧呢？
还是有其他人觉得我不错啊！

寂天菩萨在此处指的是"八风"：称、讥、毁、誉、利、衰、苦、乐。他问：赢得赞美，为什么要高兴呢？遭到毁谤，又为什么不高兴呢？人们不总是有各种不同的意见吗？然而，这些世风一直是我们努力想获得或是百般想回避的，在要与不要之间的 shenpa 中拉锯，让我们在生死中不断流转。

只要想到某人对我们的称赞，就会令我们感觉良好。如果某人以不褒不贬的态度对待我们，或对我们说的话反应淡然，便会令我们灰心丧气。这样被希望和恐惧牵着鼻子走，真是神智不清醒，可是我们回回如此。这不仅仅是个人的烦恼，而是普天下人面临的处境。

众生有各式各样的欲求和性向，
诸佛尚不能令每一众生都称心如意——
何况我这样罪业深重的凡夫！
最好放弃讨好世人的凡俗念头。

人们看不起贫者，
又中伤富者。
和这种很难讨好的人做朋友，
又有什么乐趣呢？

除非完全顺他们的意，
否则愚痴凡夫就会闷闷不乐。
如来曾经开示：
莫与他们交往。

寂天菩萨在此处简述被人或福报所钩绊的情形。努力去满足世俗的贪爱——自己或他人的——都是不智之举。诸佛尚不能令每一位众生都称心如意，令人如梦初醒。寂天菩萨再一次忠告我们，别一头栽入生活连续剧。

森林中鸟兽出没，
林间没有意见冲突，
与它们相伴，内心愉悦！
几时我才能在那里安居？

何时我才能安居于
岩洞、空寺或大树荫下，
心中不再挂碍，
不再对尘世回首顾望？

何时我才能迁居到
无主的大自然环境，
辽阔又无疆界，
心无贪着？

何时我才能无有恐惧，
无须躲避任何人，
只有钵等必需资具随身，
穿着连盗匪也不会觊觎的三衣？

寂天菩萨赞叹独一静处，但可没有建议我们也要出走，躲避一切不愉快的处境。一个人可以独自在山里生活数年，却根本什么也没放下。问题在于如何达到内在的独一静处，以获致永续的快乐。

Patrul 仁波切有一次去参访一位闭关禅修多年的瑜伽士，他的主要修行为安忍波罗蜜。仁波切毫无预警地到了他的住处，并开始揶揄他，讥笑他的修行，还说他是假内行。终于，这个人勃然大怒，要 Patrul 仁波切滚蛋，别来烦他。仁波切准备离去时，对这位瑜伽士说："我只是想测试你的安忍波罗蜜。"

何时我才能移居尸林，
思惟我的身躯
与坟间干枯的尸骨，
同样都是无常的坏灭之法？

我这个形体，这些血肉，
不久便会恶臭冲天，
连狐狼都不敢接近——
无常的结局总是如此。

寂天菩萨再一次思惟生命无常。寒林间充斥着弃尸，他比较自己的身躯和坟间干枯的尸骨，了解死后这个形体，这些血肉会恶臭冲天，连狐狼都不敢上前。寂天菩萨思惟着以佛法开导他自己。

我这个身躯，现在是完整一体，
被生命结合在一起的骨肉，
不久将离散崩解。
而亲友的离散崩解，难道不比这更多吗?

我们孤零零出生，孤零零来到世上，
死时，也是孤零零地走。
没有人分担我们的命运和痛苦。
这些“亲友”与他们所形成的障碍，对我有什么用呢?

我们的生命有赖于这个身躯，但身体会坏灭，会离开我们。在类似“尘归尘、土归土”的颂文中，他说我们孤零零地生下来，无论我们这一生是如何深爱他人，或是他人如何关爱着我，我们都得独自经历生死之间的过渡期，旁人束手无策。若一味依恋他们，只会令我们难以放舍，无法自在前行。

犹如旅者往来旅途，
在路途上暂时歇脚，
众生在世间漂泊，
也会暂时歇脚，然后继续投生。

断气的时刻到了，
四人扛起我的遗体，
在世人哭泣叹息中——
我被送入森林。

这一世的生命，犹如旅程中的休息站。我们可以视身体为旅馆的房间：我们租下来，休息片刻，接着再上路。寂天菩萨发愿不浪费这短暂的生命，去追逐无意义的事物，令内心散乱。在他的尸骨被人抬走以前，他会好好利用时间，并闭关修行。

那里没有亲友和怨仇，
我将独一静处。
想想若一开始就被认为已经死了，
那么死时就不会有人为我伤悲。

同理，独自一人面对死亡，
就不会有悲泣的声音障碍我。

不会有人令我内心散乱，

让我无法念佛念法。

这是死亡的法教。如果生时的训练让我们得以开发出内心的开放性，那么死亡会是喜悦而广阔的体验。但如果我们的心流散各处，又容易因为情绪纠缠而变得散乱，那么死亡的过程将既混乱又恐怖。寂天菩萨发愿独自面对死亡，以避免不必要的麻烦。

栖隐在灵秀的林中，

少有烦恼侵扰而喜悦；

我将止息一切掉举散乱，

欢喜地独一静处。

舍弃一切其他愿求，

专一所缘，

勤修禅定，

使心调伏。

一切致力于身体的独一静处和内心的独一静处的颂文，就在这个发愿中结束。勤修禅定指的是止禅；使心调伏，意味着调伏心的狂野。

在下一段中，寂天菩萨以较长篇幅教导舍弃令心扰动的外缘，尤其是性欲。其中最值得注意的是寂天菩萨令人屏息的推理。他无情地破斥贪爱，无论我们欲求的对象为何——情人、车子、冰淇淋——总是会为我们惹来麻烦，最终一无所获。

无论在今生或来世，
欲望都是各种冲突之母。
今生，有捆缚、受伤和死亡；
来世，则有地狱等着你。

你差遣媒人，重金恳求牵线做媒，
一点都不顾忌犯下罪过或招致恶名；
或以身试法，或散尽家财——
只要美女投怀送吻，最是销魂。

以上所言是寂天菩萨时代人们寻求配偶的方式——请人做媒。有趣的是，寂天菩萨跟那烂陀的出家人不太一样，他对在家人的习俗非常熟悉。他是一位王子，很可能有过亲密关系，对于性不那么拘谨。

他在此所强调的并不是性欲，而是我们会如何为满足欲望而做出疯狂的事。如同第三十九颂所说的，热情失控的下场可能是入狱、受伤甚或死亡。说来悲哀，辛普森病症并非少见。

在以下的颂文中，寂天菩萨要挑战我们不可理喻地迷恋于性，请我们智慧地看一看爱人身体的本质。

其实她不过是一堆白骨，
没有自我，也没有存在的实体！
这是我渴望和贪恋的唯一对象吗？
最好趁早超脱一切忧悲恼苦！

要经过多少痛苦才能揭开面纱，
将低头垂视的脸庞支起啊！
无论这脸庞抬起与否，
都是小心用面纱遮住的。

这张脸庞曾使你如此痛苦……
现在已赤裸裸呈现眼前。
鹫鸟为你扯开了面纱和身体，
这是什么呀！你为什么仓皇逃走？

这个身体，你曾嫉妒地保护，
不让其他男人看到，
现在是坟场众鸟的食物，
吝啬的你怎么不再保护她？

看啊！这堆人肉，
马上就有腐食动物前来夺食，
你虽用花圈、檀香木和珠宝装饰，
它仍是鸟兽的食物！

经教上有两种对治性欲的方法，第一种是以嫌恶来取代欲望。寂天菩萨注视死尸时用这种方法，并请我们思惟：贪爱这堆人肉，是毫无道理可言的。他说，看到爱人化为腐尸，欲求很快便消失不见。

另一种方法是看出身体无有实体、如梦似幻的本质。如他在第四十二颂中指出，我们欲求的人不过是一堆白骨，没有永久或实体的存在。

以这个观点来看，我们应质疑自己将性伴侣当作实体的观念。也许我们觉得他们很性感，魅力不可抗拒。但一看到他们没洗澡又发臭，热情很快就会变成嫌恶。我们在他们穿着衣服时渴望着他们，却可能在他们宽衣解带后仓皇而逃——也许对方比我们想象的胖或瘦，也许我们不喜欢他们的刺青。如果热情可以消退得如此迅速，那我们到底在迷恋什么?

我的一位朋友患了腮腺炎后，迅速结束了一段恋情。她的伴侣看到她变形的容貌，一时对她失去了兴趣。当她康复，又恢复了美丽的容颜，她则对他失去了兴趣。

> 再看这一堆白骨——
> 死寂不动的，你怕什么?
> 当它们随意到处移动时，
> 你怎么不怕?

这里又见寂天菩萨的机智与风趣。他问，为什么我们这么怕一具死尸，可是当同一具死尸站起来到处走动时，我们却不会被吓到?

> 从前，她们穿着衣裳，你都曾爱恋过。
> 现在，她们赤裸裸的，你怎么不爱了?
> 如果你说，现在欲望已经没有了，

那从前你为什么拥抱严饰着衣服的她们呢？

此处他又提到视爱人的身体为尸体。我们到底被什么钩绊得这么牢呢？如果我们认为是爱人的身体，那为什么这个身体死了，一切就变质了？

粪便和口水，
一样从食物消化而产生。
你为何偏爱吸吮口水，
却厌恶粪便呢？

爱人的唾液，一定是比粪便来得有吸引力。但想想看，苍蝇对粪便可喜欢得很呢！真的有什么事物在本质上就是可爱的或可厌的吗？

虽然枕头也有软滑的触感，
但你不会贪着枕头。
你说人不会发出恶臭，
你真被贪欲迷昏了头，不知道什么叫干净！

贪欲的人，被渴欲迷昏了，
枕头的触感虽然也光滑柔软，
却因为不能与梦中人同床共枕，
因此，反而嗔怪起枕头来！

当寂天菩萨说被贪欲迷昏了头，他直指问题核心，不是我们欲求的对象有问题，而是我们的 shenpa 已到了不可理喻的地步。

如果你不爱秽物，
为什么还珍爱膝上
用肌腱固定、
以肉泥涂抹的骨架呢？

理由是你自己就是秽物填充而成，
而且成天沉迷于秽物。
你其实就是渴欲这些秽物，
所以贪图其他充满秽物的臭皮囊！

也许这就是“你是狗屎”这句话的出处。我们必须以幽默看待寂天菩萨的立论，此处他是说我们自己身上已充满秽物，干吗还向往别人的秽物？

但就是女子身上的细皮嫩肉
让我想触，想让我看。
那你为什么不干脆爱
无生命、原原本本的肌肉？

第五十四颂是揭露空性本质的经典分析。经教上的例子是车乘：我们如何能找到车子真实的本质？左轮还是右轮？或是座位？我们可以用身体为例，问自己同样的问题。

寂天菩萨质疑，我们欲求的对象究竟安住在哪里？在肌肉中？还是她擦的香水？如果是这样，我们为什么不去爱生肉或其他令人愉悦的香味？如果勾起我们兴趣的是檀香气味，而我们错以为是身体，那不是很愚蠢吗？

寂天菩萨仿照佛陀分析车乘的方式来分析身体，想找到“它”在哪里？这个“自我”或其他的“自我”在哪里？他接着继续描绘我们对如梦似幻的爱人充满了欲望，然后我们垂涎，进一步想发生亲密关系，等等。

你若贪恋的是女人心，
但心摸不着、看不到。
感官既感觉不到心识，
那你为什么还无意义地沉迷于身体的亲密呢？

如果我说是爱人的心吸引我，好，那么它到底在哪里？

不明白他人的身体原本污秽
还不稀奇。
若连自身原本就不净都不知道，
就太离谱了！

贪恋秽物的心，
为什么不看无云天空射下的晨光中

绽放的鲜嫩莲花，

反而欣赏充满污垢的臭皮囊呢？

如果说我们想要的是美，那为何不去欲求一朵莲花呢？

若你不想碰

被排泄物污染的地方或东西，

为什么还会想触摸

排出秽物的身体呢？

若你不喜欢秽物，

那你为什么拥抱亲吻

来自不净之处、

由不净种子而生的身体呢？

不净之处指的是子宫，不净种子指的是精子。在我们的文化中，许多人并不嫌恶这些秽物，但在寂天菩萨时代的印度，显然人人不爱。事实上，这正好证明了寂天菩萨的说法，憎恶和吸引往往是文化的偏见，绝对不是究竟实相。

粪便里长出来的臭蛆，连很小的那种

你都不喜欢。

但你反而渴欲

从不净所生而且充满秽物的人体！

自己污秽的身体，

你不但不厌弃，

还被别人臭皮囊中的秽物所诱，

妄想触摸哩！

在我们这个自尊低落的文化中，鼓励人们厌恶自己的身体恐怕没什么助益。然而，寂天菩萨继续尽可能减低我们贪欲中那股抗拒不了的冲动。在本质上，他用他的推理要削弱的是贪欲，而非性欲。

清凉的樟脑、

可口的米饭和鲜绿的香草——

吃进口中又排泄出来，

将大地都熏臭了！

虽然人体的污浊显而易见，

若你还有任何怀疑，

那就到寒尸林去瞧瞧，

看看腐臭的弃尸。

当你眼见尸身表皮迸裂，

会十分害怕并厌恶；

看过这番景象，

以后怎可能再渴欲那样一副身躯呢？

这里的重点在于：我们一旦看到一具死尸，怎么还能迷恋一具活的呢？

女子身上所散发出来的香气，
只是因为涂抹了旃檀香。
你怎会因一物的香气，
而去贪着另一物呢？

当然最好不要渴求，
本质上就会发臭的物体。
但世人的渴欲是颠倒的——
要在不净的身体上涂抹香水目的何在？

若女子身上的妙香是从栴檀香来的，
我们怎么能说是身体的香气呢？
你怎会因一物的香气，
而去贪着另一物呢？

蓬散脏乱的长发，污黑的长指甲，
黄斑斑的牙齿，浑身恶臭的黏液，
这个赤裸、未经装扮的人体，
怎堪一睹啊！

为什么要花那么多工夫去擦拭磨亮，
会伤害自己的武器呢？
人们因无明而给自己施加无谓的照顾，
这份疯狂简直可使天下为之震动！

长得好看不是问题，问题是我们执著容貌而产生种种希望和恐惧，这份疯狂简直可使天下为之震动。

看到寒林中成堆的白骨，
心生厌弃吗？
那么你怎会喜欢
活白骨跑来跑去的寒林死城呢？

寂天菩萨再一次重复他的观点，如果寒林弃尸会吓着你，那么满城尽是活尸走来走去怎么没有吓退你呢？

再者，别人充满秽物之身，
不付出代价是得不到的。
一切都有代价：一辈子为她奔波劳碌，
下辈子还须饱受地狱等苦难。

少年没能力拿出聘金，
所以年轻时哪能娶亲，享受鸳鸯之乐？
一辈子干活就为了攒得足够下聘的钱，

届时已垂垂老矣——老得没能力享受色欲了！

八世纪的印度，某些部族中种姓低贱的男子常常借钱娶亲。为了有足够的财富来吸引女方，整个家族都因此负债。儿子继续承接父亲的债务，如此代代相传，他们便成了奴隶。等到这可怜的家伙娶到新娘时，他已太老无从纵情色欲了。

接下来的颂文中，寂天菩萨主要关切的是，我们如何完全被贪爱所钩绊以致内心散乱。既然听众座中都是独身禁欲的出家人，他花了很多时间来减低他们的性幻想。在道场中，如何智慧地处理性的能量是热门的话题。

有人从事苦力又充满渴欲。
一天繁重的工作耗尽体能，
回到家中早已气衰力竭，
倒头就睡，像死尸一样。

有些人必须远赴他乡，
与娇妻稚子分离。
虽然爱他们，想见一面，
一年也难得一回。

有些人则积极追求利益，
不知如何得到，于是卖身求荣。
从此失去快乐自在，

为雇主奴役，无意义地活着。

有些人卖身为佣，
毫无自由，听任差遣。
贫穷到妻子分娩
也只能在荒郊野地找个树下生产。

我们都会有一些想法，一些梦想，以为拥有了什么便会带来舒适和享乐，但却不曾想过，达到梦想的路径往往是痛苦而荒谬的。无论经历多少辛劳，总是达不到快乐的目标。

接下来寂天菩萨讨论到，贪恋财物会为我们惹来不少麻烦。

陷入欲望陷阱的愚痴凡夫，
虽然担心送命，
但为了生存，决定还是披甲从军去。
追求利养的下场是被奴役。

野心勃勃的下场是，
有些人被利戈刺穿身体，
有些人被长矛刺杀，
有些人被活活烧死。

守护财物是麻烦，害怕丢失是痛苦！
钱财带来无尽祸害！

一心贪财的人，

从不会有一刻自占有的忧苦中解脱。

我们经常经历这种无意义的过程。为了努力赚取钱财，我们甘愿经历许多痛苦，但最后却发现自己并不快乐。我们新买的丝质衬衫，不小心沾到了沙拉酱。我们存钱买下梦想的新车，却一直担心停在路边会被刮、被偷。当然，没钱也一样非常痛苦。基本需要可以满足就好，但不幸的是，少有人能安于这种情况。

贪欲的人饱尝苦头，

只为了蝇头小利；

就像牛为人拉车，

换得的不过是几捆干草而已！

不过是牛吃的稻草——并不是很稀奇的东西！

只是为了那么一点好处，

就造业而受苦，

真糟蹋了珍贵的暇满人身。

我们会为了加薪或特休，或为了让老板另眼相看，而不顾一切地超时工作。这不是很像拉车的牛吗？流汗出力，只为赢得一口稻草。这是寂天菩萨的比喻，我们会为小得不能再小的快乐而让自己痛苦。同时，得到短暂人身不易，我们也浪费了这大好时机。

我们所贪爱的一切终必坏灭，

之后，便堕落地狱受苦。

我们不断忍受小苦难，

只为了微不足道的利益！

这是指生死轮回的痛苦。正如一则佛教偈颂所说的：朋友、财富、家庭及其他短暂的安乐，犹如一场盛宴，不久行刑者就会带我们走上死亡之途。

我们也许可以得到想要的，但那快乐是很短暂的。若是在追求的过程中，我们伤害了什么人，结果必定是痛苦的；即使没有伤害到人，我们仍然增强了贪爱的习气。

然而，只要忍受这些困苦的百万分之一，

就足以成就无上的佛道了！

贪欲者吃的苦比起菩萨道上的试炼多得多，

得到的果报却与无上菩提天差地别！

这是事实，痛苦的事实。只要我们拿出一小部分花在世俗事物上的时间和精力，改用在菩萨道上努力，我们的成就将突飞猛进！我记得一位老师说过："如果给你们一叠扑克牌和一箱啤酒，你们可以醒着不睡——精进、警醒、充满活力。但要你们晚上静坐几个小时，你们一定马上睡着！"

思惟一下恶趣的恐怖吧！

兵器、毒药、烈火、深渊、仇敌
——这些世间的痛苦，
比起贪欲的果报都是极其轻微的！

因此，初发心菩萨应该厌离五欲，
向往独一静处——
没有相诤和冲突之处，
寂静无人的山林之中。

这些颂文再一次指出，我们为自己一再重复生死轮回的习气，所感受到真实的心碎与厌离。

在巨石形成的适意住处，
有皎洁月色下的旃檀木庇荫；
在微风吹拂的山林中，
思惟如何利益他人。

洞中、树下、空屋中，
我们高兴住多久就住多久。
不再有守护财物的痛苦，
让我们无拘无束、自由自在地修行。

舍离贪欲，是这样的自由自在，
而且从束缚和捆绑中松绑——

这种知足喜乐的生活，
帝释天也想过。

如此深入思惟
独一静处的殊胜，
便会止息一切妄想，
并培育出菩提心。

寂天菩萨用这些美丽而平和的召集令，再一次提醒我们独一静处的利益，并结束了禅定波罗蜜的第一部分。

第八品（下）｜等观自他

自第八品第九十颂起，我们便进入《入菩萨行》最有名的一部分了。在此寂天菩萨讨论了等观自他，并告诉我们如何修习自他交换，这些法教可以对治“我”和“我的”狭窄而颠倒的观点。

首应观修，
自己与他人的同质性。
在趋乐和避苦方面，一切众生并无二致，
所以应像护念自己一样地护念众生。

一开始应先思惟自己和他人相似之处。从哲理上来讲，我们大可来探讨个别的“自我”如何没有实体，以及我们如何于自我上建立起的虚妄的安全感。但若要着手消解自他之间如幻不实的障碍，我们便应从实际的层面来处理，姑且将“自我”看成真实的。

自己和他人各有自体的虚构神话，叫人深信不疑。虽然引起许多痛苦，我们的看法却依然毫不动摇。等观自他的修行和法教直指其虚构性，暴露出“我最重要”心态的算计和策略，改变了我们对彼此的看法。

简单地说，如果你曾以街道为家，你就会用不同的眼光来看乞丐。你会体验到变成丧家之犬、向人伸手要钱是什么滋味。这种体验自动撤除了人我之间的藩篱。同样地，如果你曾因重病而住院，你便知道人们进出病房,却不被当人对待是什么感觉。在电影《心灵病房》(*Wit*)中，垂死的女主角向盆中呕吐，医护人员却还在一旁问：“你今天感觉如何？”你一旦经历过这样非人的处境，便难以对重症的人，再抱持肤浅的看法。

想象自己置身于他人的处境，便不会再冷漠待人。我们开始了解在趋乐和避苦方面，我们都是平等的。每个人的痛苦和快乐，都是一样的。因此，无论我们感觉忧伤或放松，我们都同时知道别人是什么感觉。一旦了解喜悦和忧伤都是一样的，我们的视野便开阔了，不会再像以前一样那么容易困在自我中心的网中了。

> 手脚各部位虽然众多而且不同，
> 但它们都是一体——被保护的一个身体；
> 同理，不同众生虽各有苦乐，
> 但皆与我一样，只追求快乐。

以身体为喻，意在说明一个整体中有许多个别独特的部分。耳朵不是脚趾，牙齿不是眼睛。但这些个别的部分，却不是各自分离的。如果脚趾痛了，全身都会有感觉；如果腿割伤了，手马上会去保护它。

我们不会感觉腿是“他人”而说：“多有趣呀！看血一直在流。”

寂天菩萨在多处引用身体的整体性作为比喻。此处指人类相互依存的状况：众生都是独一无二的，但不是各自分离的。而且，众生跟我一样，都想要快乐，害怕受苦。

我的痛苦其实
不会使他人痛苦。
但如执著身体为“我”，这痛苦就成为我的了；
又由于身体是我的，这痛苦便甚难承受。

我们受苦的主因，在于将自我当作分离而连续的概念。任何我们以为是“我”或“我的”而执著的对象——身体、配偶、情绪、财物或朋友——都会导致痛苦。根据佛陀和寂天菩萨的说法，痛苦的强度，全视我们执著无常又无实体的“我”有多强而定。

如果是这样，那我们如何能超越自我中心的观点呢？我们只须简单而直接地去认识到他人也和我们一样。这样的修行，使我们了解到我们都害怕受苦，都想要快乐。这种认识能将心中的仁慈释放出来。

其他众生的痛苦，
我不会有感觉，
但因我将它们当作自己的，
他人的痛苦也很难承受。

也许我们觉得自己的痛苦已经超出我们可以承受的范围了，也许这就是我们不想对他人的痛苦感同身受的原因。然而，一旦了解他人的痛苦跟我们自己的没两样，内心自会有所转变，我执的恐惧心便开始融化了。

因此我当驱除他人的痛苦，
因为那就是痛苦，跟我自己的一样；
同时，我当利乐众生，
因为他们是众生，正如我一样。

既然我和其他众生，
都同样追求快乐，
那我们之间有什么差别呢？
我为什么只汲汲追求自己的快乐呢？

这些颂文简要说明了修习等观自他的理由。

既然我和其他众生，
都同样避免痛苦，
那我们之间有什么差别呢？
我为什么只救度自己而不救度其他众生呢？

你可曾好奇人们为什么会做出疯狂的事？他们做这些事的理由，跟我们是一样的：逃避痛苦，希望生活更安适。没有人想要压力、焦虑或生病。在这一点上，我们都一样。我们都期待生命中充满安全感、确定性和快乐——为了得到这些，我们可以做出极为卑劣之事。

既然他人的痛苦不会伤害到我，
我为什么要防范呢？
但“我的”未来痛苦也不会伤害现在的“我”，
那我又何必防范呢？

寂天菩萨又一次和自己辩论。第九十七颂前面两行他沿用 shenpa 的推理：“既然别人的痛苦伤不到我，我干吗在乎呢？”然后，“智慧”就出来回答了。

想着“我将来会受苦”
其实是虚妄的概念——
因为此时此刻的“我”会灭去，
之后又有另一个我会生起。

在逻辑上我们可以说：“如果刀子割我，我会痛，这就是我之所以保护自己的原因。但如果刀子割的是你，我一点感觉也没有，干吗要关心呢？”寂天菩萨破斥这样的论点，说我们今天、明天、下礼拜一直想保护的“我”和此刻的“我”是不一样的，“我”不断变化并坏灭，每一秒钟都有另一个“我”生出来。这值得深思。

你会说，受苦的人应当，
自己去防护痛苦！

那么脚痛又不是手痛，

手又何必忙着去保护脚呢？

从世俗的观点来看，等观自他的修行简直愚蠢，从我们凡常的观点来看，“各人自扫门前雪，莫管他家瓦上霜”才是有道理的。

寂天菩萨在本颂的后两行，又用身体的比喻作为回应。手会保护脚使其不受伤害，如果我们能接受这个道理，那为什么我们不能接受各个分离的众生是整体的一部分呢？

如果有人受了伤，而我们一直视为“他人”受到伤害，那该怎么做才能体验到众生不是各自分离的生命呢？有一个方法是，我们反思如果我们不去帮助他人，那我们就是伤害自己。我们可以一再做这个练习，一开始只是在概念上反复练习，慢慢就会内化成为真实的胜解。我们任何人身上所发生的事，都会影响整体。

如果你认真想一想，就会发现这种相互依存的想法很有道理！我们若不互相照顾，我苦、你苦，全世界都受苦。

“这没有道理。”你会说，

“这只是我执的力量使然。”

但既然我们两人都没有道理，

就都应当予以彻底破斥！

寂天菩萨继续和自己辩论，shenpa 又运用它的逻辑说：“别说太多哲理！我执的力量是我只想保护我的手，而不保护你的手的唯一理由。”“智慧”就这样回应 shenpa 了：“这正好是重点所在！”

别再用这种非理性的想法当作借口了。我们住在一个既痛苦又自我中心的称作“我”的牢狱中，这种错误的认知使每个人都受苦。若一味只顾自己，只会截然分隔出不同的你和我。如何才能减少这样的心态呢？我们如何能让心更加开放、宽阔？我们应从事“跟我一样”的修行！

心续和五蕴的假名，
就像念珠、军队和海市蜃楼；
同理，本来就没有真实的受苦者，
那谁在痛苦呢？

若没有受苦的主体，
那自己和他人的痛苦——怎有差别呢？
只因为痛苦就是痛苦，我当一律摒除，
坚持区分自他有什么好理由呢？

第一〇一颂中，我们读到第三个不应修行等观自他的推论，这就是藉空性来推论：“如果万事万物皆是如幻的海市蜃楼，为什么还要担心不存在的痛苦？”

“想得好！”寂天菩萨可能这样回应，“但如果你没有陷在实体的‘我’中，你该会了解我们痛苦的同质性。我的痛苦和你的痛苦并无不同。”这样，他用空性的立论来支持——而非破斥——慈悲之必要，并且下结论说痛苦就是痛苦，我当一律摒除。

所以每一位众生的痛苦，

都应当摒除，殆无疑义。

解脱自己的痛苦就是解脱一切众生的痛苦；

反过来说，众生苦我也感受得到。

在绝对真理的层面，根本没有理由受苦；但在相对层面，我们都相当痛苦。寂天菩萨坚信，我们不满足的主因就是误以为个体都是各个分离的。其实并没有任何有形的证据证明彼此各各分离，我们根据的不过是信仰和概念。作者（subject）和受者（object）、自己和他人的二元论都是因心而起的虚妄分别。

练习放下之后，便会理解绝对真理。同时，我们也会在日常生活的痛苦中努力，将他人的痛苦看成自己的。

“悲济众生会引生很多的痛苦。”你说，

“都已经感受痛苦了，为什么还要激发悲心呢？”

但悲心的痛苦怎比得上

一切众生的痛苦呢？

对于练习设身处地一事，我常听到人们有本颂前两行这样的反应。以感受他人痛苦而言，这是一般世俗的看法。不赞成同情（也许同理心或悲心是更好的字眼）众生的人说：“我连自己的忧伤都没办法承受，更何况是别人的？”但寂天菩萨回答说，一心悲悯并记挂着解除众生的苦，比起众生的苦——饥、渴、暴力和根本无明——根本算不了苦。

慈悲所带来的痛苦，会令我们决心对众生更爱怜、更柔软。不能解除他们的痛苦，固然令我们痛苦，但可以疗愈自我中心的更大痛苦。

只要一个人的痛苦，
得以疗愈众生无边的痛苦，
大慈大悲的菩萨将乐于为自己和他人，
承担这种痛苦。

有人问一位西藏喇嘛，当练习自他交换时，必须吸入他人的痛苦，他怕不怕因此感染到别人的痛苦？那位西藏喇嘛回应道，将他人痛苦拿过来，让他们没有痛苦，没有什么比这更快乐的事了。

因此，妙花月菩萨
虽然知道国王会伤害他，
但是为了使众人获得解脱，
他仍无惧地前往说法，殉道也在所不惜。

此颂说的是一位菩萨的故事。妙花月（Supushpachandra）菩萨被威胁，如果他胆敢教授佛法就会丧失性命。但他为了成全百人的利益，宁愿冒着生命危险传法，这是菩萨的典范。他的例子可能不容易起而效法，但鼓励我们每天都不妨向外探触延伸一些。

修习等观自他的大悲菩萨，
乐于解除他人的痛苦，
甚至会欣然前往无间地狱，

如天鹅冉冉飞入莲花池。

当一切众生都解脱了轮回痛苦，

他心中生起的喜悦像大海一样深广。

这样的喜悦难道还不够吗？还不满足吗？

独自追求解脱之乐，又有什么利益呢？

我们能否无畏地进入无间地狱？我们能否如天鹅冉冉飞入莲花池一样精进？对特蕾莎修女（Mother Teresa）而言，没有什么比解除他人痛苦能给她更多快乐了。在她心中，帮助人们临终时不孤独面对死亡，就是快乐。

你我如羽翼渐丰的雏鸟，正要学飞。我们可以从一些小事做起，来培养觉醒的心。譬如说，用天鹅般的精进施予乞丐金钱，就是跨了一大步。

寂天菩萨劝告我们，从给他人多一点关怀并接受小小的挑战开始起步，胆量自然就会大起来。我于此获益良多。这倒不是说必须安全至上，步步为营，而是我们必须要有智慧，从自己做得到的开始做起，一点一点扩大自己的勇气。

本书前几章，寂天菩萨的教示主要是针对处理个人的痴惑。在这个基础之上，他开始探讨修道之旅的更高阶段。然而，我们最好以适合自己目前程度的法教，作为日常生活的指南，才不至于灰心丧气和精疲力竭。

利益众生的工作，

不会令我骄矜自满，顾盼自得。
他人快乐，我就满意，
丝毫不求回报。

正如我会为自己回护，
所有不愉快的事件，无论多么微不足道；
同理，我也应以慈悲
为他人防护痛苦。

若要了解这一段话，最容易的下手处就是思考我们与动物的关系。我们能将动物从残酷的环境下解救出来，回护它们，让它们免于受苦。我们为此感到快乐，却不会视之为善行。

就像父精母血聚成的受精卵，
本来不是我的，也没有实体，
然而因强烈的习气，
我竟误将它执取为“我”。

那你为什么不将另一个人的身体，
称之为“我”？
反之亦同，把自己的身体想成他人的，
又有何难？

不断有“我的”和“我”的感觉，是一种培养而来的习性，也是我们最强烈的习气。如果我们已经了解到它的荒谬性，那么把“我”想成另外一个不是“我”的人，还会不会滑稽可笑？当这个“我”侮辱别人时，想象一下对方有什么感觉，还会不会太难？如果我们和别人交换处境，即使只是一下子，也会感觉到自己残酷言语的力道，然后毫不犹疑地马上停止。

见到珍爱自我有种种过患，
珍爱他人又会生起广大如海的功德，
因此我当断舍自我爱，
容摄他人。

寂天菩萨提到，珍爱自我有种种过患，他指的是茧，也就是以为个体是各个分离的思想牢狱。这种思想恰好跟慈悲完全相反。若要走出“只顾自己”的痛苦，最好的方法就是替他人着想。

一般皆认为手脚等肢体，
是身体的一部分。
那我们为什么不同样将众生，
当成法界的一部分呢？

正如我这躯体并无“我”，
却因习惯成自然生起自我的错觉；
为何不能在其他众生的躯体上，
串习生起自我的感觉呢？

如果在家里或是在整个社会，我们不再执著“我最大”，反而彼此关怀，也时时记着他人“跟我一样”，会是怎样的美好光景？

因此当我利益他人之际，
就没有理由夸耀；
就像喂饱自己——
我并不预期受到奖励。

喂饱一只饿坏了的小狗，是不用掌声鼓励的。这就像喂饱自己一样自然，我们不会指望这个行为会受到恭贺或赢得诺贝尔奖。

因此，正如我会为自己回护，
所有不愉快的事件，无论多么微不足道；
同理，我也应以慈悲
为众生防护痛苦。

这会令我们想起耶稣的训谕：“想别人怎么对你，就怎么对待别人。”如果他人这样对待我们，我们心头真的会很温暖。

这即是大悲观世音菩萨，
慈悲加持自己名号的缘故，
让苦难深重的众生只要称念其名，
便可自恐惧中解脱。

观世音菩萨说，遭逢危难的时候，只要持念其名三次，就会从恐惧中解脱。他的故事正象征着无私的慈悲有广大的潜力。

> 因此不要被困难击退、
> 由于串习，
> 人们甚至能够哀悼，
> 连听到名字都会内心战栗的人！

寂天菩萨提出一个不同流俗的想法：要能够哀悼我们连听到名字都会内心战栗的人。如果现在开始针对我们喜欢的人练习；接着就可对令我们微微不耐的人练习；与时俱进，我们的慈悲心将会扩展，直至我们愿意哀悼那些令我们讨厌或惧怕的人。

> 想要快速成为
> 庇护自己和其他众生的人，
> 当修习“自”、“他”交换，
> 这就是在修习一种神圣的秘义了。

有时太阳被云遮蔽，看起来不再光耀。当然，实际情形绝不是这样的，太阳只是藏在云后。同样地，心的本质一直是坦白无隐的，不幸被只顾自己的心态所阻挡。心是被意见、成见、概念所隐藏，被烦恼所遮蔽了。我们思惟这些颂文时，最好时时记着自心只是被一时遮蔽，拨云见日是可能的。

自我中心的云，在我们设身处地想象他人的感觉时，就会神秘地散去。在自他交换的修行中，我们吸入平常想抗拒的，送出我们平常依恋的，这就消解了我执的算计，揭露了自心的清明。何以如此简单的练习就能令我们解脱？这也许是个神圣的秘义，但却是值得修习的神圣的秘义。

由于我们执著自己的身体，
所以连微不足道的险难也会畏惧。
身体，这恐惧之源——
谁会不骂这个最恐怖的仇人呢？

寂天菩萨有时指出身体是开悟的珍贵车乘，有时候直指身体所带来的问题。此处他说，迷恋身体会带来巨大的恐惧。

为了解除身体病痛，
贪图口腹之欲，
我们埋伏道途，
夺走鱼、鸟和鹿的生命。

有人为了身体的贪欲，
甚至不惜杀父杀母，
盗取三宝的供养，
因此，他们将在无间地狱中被烈火焚烧。

有智慧的人，

怎会去骄纵、保护这个身体呢？

怎会不对它视若无睹、予以鄙夷呢？

怎会不把它看成仇敌呢？

人们非常害怕受伤害，甚至会以杀人或偷盗来保护自己。保护自我的习气非常危险，和自贬一样危险。无论何者，我希望此时我们已经清楚寂天菩萨所要传达的讯息，也就是自我中心会造成怎样的伤害。

大乘佛法说，我们不伤害他人是由于我们关心他们。我们不杀生是因为珍视众生的生命，不偷盗是因为尊重他人的财产。但我们不只是不再作恶，我们还需要进一步修习慈心。

“若我布施此物，我自己还有什么呢？”

为一己打算——是饿鬼的想法。

“若我保有此物，还有什么可以给出去呢？”

利他的善念是天人的想法。

我们的行为导致苦与乐，但一般人往往对因果有所误解。例如，我们以为存钱会致富，布施太多会变穷。在本颂和下一颂中，寂天菩萨对这类日常的推理，提供了一个完全不同的看法。在第一二五颂中，他指出富有是一种心态，尽力布施是天人的想法；保有而不布施，会助长匮乏感和恐惧感。

第一二六至一二八颂以三类对照来描述自他之间不同关系而导致的命运。

若因利己而损人，
将堕落地狱；
若因利人而损己，
将圆满福智资粮。

只求自己利益——
未来将变得愚痴并堕落恶趣！
若转而利益他人，
未来将获得尊荣并转生善趣。

若役使别人，
来生就会知道为人仆役是什么滋味；
若为利益他人而劳碌，
来世将生为主人和领导者。

当寂天菩萨说到利人而损己，仅仅意味着他愿不计艰难救度他人。这样，必可获致快乐的果报。只求自己利益并利用他人以自利，终将受苦。

所有世间快乐，
都是从谋求他人幸福而来；
所有世间痛苦，
都是由追求自己幸福所致。

我想寂天菩萨应该会欣赏《今天暂时停止》（*Groundhog Day*）这部电影，因为它将第一二九颂描绘得淋漓尽致。一位易怒的男士不断地重复某一天的生活，直到他做对了为止。他试过各种自私的策略来寻求快乐，却徒增更多的挫折和不满。

最后，他开始将这一天都花在帮助他人上。为什么呢？倒不是为了要当好人，而是因为这是唯一能带来快乐的事。他每天都接住从树上摔下来的小男孩，小男孩每次连谢都不说一声就一溜烟跑了！他逐渐喜欢上一位街头游民，每天早上他都努力拯救他的性命，但每次都没有成功。日子一天天重复之际，他变得愈来愈柔软，愈来愈有同情心，人们自然也愈来愈喜爱他。

如同寂天菩萨说的，我们愈能利他，便愈感到快乐。

何必多费唇舌解释呢？
愚痴凡夫只追求自利，
诸佛则努力利益众生——
看看两者的天壤之别！

像我们这样的愚痴凡夫，不知快乐之因。寂天菩萨和《今天暂时停止》都乐观地建议我们：明智些，按因果律做事。

若我不能为他人的痛苦，
献出自己的幸福，
佛果便不能成办，

即使在生死轮回中也不会有欢乐。

暂且不论来生的果报，
就是现世的需要都得不到满足——
仆从不工作，
雇主不支薪。

先别管开悟，如果不关心他人，连世间的喜悦都得不到。在这一世中，如果仆从或雇工不好好工作，雇主也不关心他们，社会价值就会崩解。

第一三二颂是所有革命背后都会发生的故事，我读此颂时联想到南非。多年来，残酷的雇主不付工资给雇工，种族分离被就地合法而根深蒂固。然而，许多人仍援用寂天菩萨所揭示的原则来处事，于是社会终于转向正面发展了。可是由于多年的欺压，前“雇工”如今又开始攻击前“雇主”。这故事一点也不陌生：压迫者和受害者的角色你来我往地转换。寂天菩萨说，永续的快乐在于人心真正的转化。我们看到他人的喜悦和忧伤，犹如我们自己的喜悦和忧伤一样，于是我们开始希望他人一切安好。

远离今生或来生，
所可能得到的诸多欢乐，
因为损人，
我无明地带给自己难以承受的痛苦。

寂天菩萨重申重要法教：若伤害别人，就是害自己未来受苦。

世间诸多灾难，
一切恐惧、痛苦，
都是从“我”生出！
我该拿这个恶魔怎么办？

若不能完全舍弃这个“我”，
忧苦一样不能根除。
正如人不远离火，
难免被烧伤。

我们若是玩火，难免被烧伤。愈是只顾自己，愈是受苦；这即是茧居人生。但我们不能弹弹手指说：“这个‘我’只是标签，我从此不再以为真有一个‘我’了。”我们的自我本位根深蒂固，事实上，它们正是润滑六道轮回不停转动的原因。

那么，我们怎样脱离自我本位？就如同寂天菩萨一次又一次说的，关键在于看见自己和他人的同质性。

为了让自己不受伤，
并解除他人的痛苦，
我当施舍自己，
并珍爱众生如同自己。

爱自己是爱他人的基础。如果我们继续喂养低落的自尊，就没有基础可供我们去爱他人。思惟于此，我们便会走在正道上。

我现在听命于人了。
心啊！你一定要确知这一件事。
从今以后，你除了利益众生之外，
不会再有其他杂念了。

我的眼等六根，现在属于别人——
用来谋求自己的利益是不应当的。
怎可再用我的六根，
来违逆主人呢？

听命于人，这意味为人服务。寂天菩萨最大的快乐就是帮助别人。如果他的眼等六根能利益他人，他便会非常快乐。若用之来损及他人，他是连想都不会去想的。他知道，我们若只顾自己，将会看不见他人的珍贵和脆弱之处。

他人是我主要关切的对象。
凡自己身体所拥有的，
都要尽量拿出来布施，
以利益其他众生。

正如客人可以享受主人的财物，却不会忘记那些物品是属于别人的。你可以同样地享用身体，却让它用于利益其他众生。

自第一四〇颂至本品最后，寂天菩萨教授一种只在《入菩萨行》才有的修行：“自他交换”的独门方法。

> 将他人——低于、相等和高于自己——当作你自己，
> 把自己当作“他人”。
> 然后一刻也不假思索，
> 去体验嫉妒、慢心和好强。

寂天菩萨先介绍这种修行的概要。他要求我们与他人——处境比我们差、与我们相等、比我们优渥的人——交换位置，而且不假思索地感受他们的烦恼。他鼓励我们加强这些情绪，直接体验其能量，作为唤醒洞察力和慈悲的方式。

在第一四一颂中，我们先当比自己“低”的人，如无家的游民。他要我们想象站在那人的位置，来训练自心。

这么做有两个目的。其一，刻意去感受那些我们一般会回避的情绪，也就是一无所有的人很容易会有的嫉妒。想象眼前一个有钱人经过，施舍你几块铜板。看看这个幸运的人，干干净净，衣冠楚楚，和朋友有说有笑地走进餐厅或电影院……去碰触你的嫉妒心。别畏怯不前，用想象来夸大它，升高它。寂天菩萨就是这样做的。去感觉那种情绪的强度与诱惑、依恋与痛苦。这是此项修行的第一个目的。

第二个目的是，去体会接收到这种强烈情绪的众生的感觉。我们通常只由自己的观点来看事情，若能反思另一个人的体验，自心将更开阔、更慈悲，也能更直接而实际地唤醒菩提心。

在后几则偈颂中，寂天菩萨建立人与人——比我们差、与我们相等、比我们好——之间的对话，自得其乐地扮演不同的角色。颂文中，他好似与他人互动，其实他只是从各种制高点来描述自己。

他受人瞩目，却没人多看我一眼；
我不像他，我穷得一无所有。
他受尊重，我遭蔑视；
他称心如意，我却只有辛酸苦痛！

此处的他是个游民，望着富有的寂天走过去。既是游民，他便刻意沉浸在嫉妒和敌意中。

我辛勤工作，
他可以悠闲度日。
他受到世间广大的赞誉，
我却是大输家，一无可取。

什么？我一无可取，没有优点？
不尽然！我多少也有点本事。
他当然不是最好的人，胜他一筹的大有人在。
我呢，比起一些人，也略胜一筹呢！

扩张自我是嫉妒的症状之一。当我们不觉得受嫉妒之害，傲慢往往就乘虚而入。

我戒律废弛，正见衰退，

但我无力回天，被烦恼掌控。

若他真有能力，就应助我对治烦恼；

即使遭他处罚，也该逆来顺受。

事实是，他从未做过这种事！

那他有什么权利轻视我？

他虽才高学广，

于我又有什么好处呢？

他对踏在恶趣边缘的众生，

视若无睹，毫无悲悯之情，

只向外矜夸自己的才学，

甚至认为自己跻身于顶级人才之列！

当乞丐注视我这样的人——我这个已经发了菩萨愿，不该对乞丐无动于衷的人，他一定奇怪我为何没有悲悯心，为何不采取行动助他一臂之力。

你若以街道为家，一定是这样想的："那些中产阶级虽然怀抱着助人的想法，但看到我却疾走而过，甚至根本没注意到我的存在。"想象你站在相同的位置，"跟我一样"的想法将会改变你对待福报不如你者的心态。你若有一些理解和仁慈，这个人会相当感激。

以上探讨了如何体验贫穷心态所引生的痛苦，以及我们不喜欢并嫉妒他人，将造成他人怎样的痛苦。

有些注释书指此二颂及以下颂文是自我与智慧的对话，但我多半不这样教。对我来说，这些修行的价值不是哲理上的；努力设身处地为他人着想，才是其价值所在。

于是首先，我可以对一切众生共同的烦恼感同身受。其次，我可以感受到接收负面行为之人的不愉快，并且在做出伤害人的行为之前，煞住自己想要伤人的心。

我可以高人一等，胜过他，
而他，却公认与我旗鼓相当！
在竞赛中，我要确定能
让众人知悉我的名声和财利。

我要宣扬自己的才德，
让美名传遍十方；
同时确使他的长处
无人知晓无人重视。

我要设法隐匿自己的过失。
因为受供养的会是我而不是他，
获得财利和名声的会是我不是他，
我将会受人瞩目。

若看见他蒙羞、沦落，

我会幸灾乐祸。
我要使他成为众人鄙夷的对象，
以及嘲讽的笑柄。

在这些颂文中，寂天菩萨与敌对者交换位置，看过去的自己。他说：我将会受人瞩目，寂天他没有。我要寂天成为众人鄙夷的对象，以及嘲讽的笑柄。此一交换的重点，在感受好强争胜的心态如何令人不适，以及受到嘲讽是什么滋味。

据说这无足轻重的可怜人，
竟想和我一较高下！
请问，不管在学识、美貌、财富或血统上，
他哪有一点跟我相似？

只要听到众人谈论我的功德，
异口同声对我歌功颂德，
欣喜就会贯穿全身，
我沉浸在喜悦之中。

好吧！就算他有点长处，
他还是为我工作！
他可以拿到仅够糊口的收入，
但我用我的势力将其余的全据为己有。

我要使他失去安乐，
我要伤害他。
因为他在生死流转中，
陷害我不下千百次。

在第一五一至一五四颂中，寂天菩萨和瞧不起他的人交换位置。瞧不起他的那个人觉得他（指原来的寂天菩萨）不值得一顾，寂天菩萨让自己充分感受到那人的傲慢，并接受那种轻蔑和傲慢进入内心。

在这项修行中，你可扮演各种角色，并且用自己的话语，使情境针对你个人又逼近真实。就说我是个游民吧！有福报的佩玛走过去，如果她不只给我钱，还把我当人看，会如何？如果她问我好不好，今晚睡哪里，又会如何？在一个平等的人际关系中，福报较差的人的怨恨和佩玛的冷漠都可能因此融化。

第一五四颂最后两行——因为他在生死流转中，陷害我不下千百次——寂天菩萨开始跟恐惧焦虑、只顾自己的心对话。

心啊！你经过几亿劫，
汲汲追求自利？
更饱尝艰辛，
得到的却只是痛苦。

在这里，他也扮演两个角色：他“内在的智慧”对着“痴迷、烦恼的自我”讲道理。就像寂天菩萨，我们都有导航生命的智慧，任何时候都可以召唤它。

因此，实情是：

你必须完全舍弃自己，站上他人的位置。

佛陀不诳语——

我们将会见到自他交换的利益。

他仁慈地对可怜、痴迷的心说：为他人服务就是服务你自己。如果你能追随佛陀的教导，对每个人都有益。

若你果真在过去世，

曾修习并实践菩萨行，

你不可能仍欠缺

成佛的圆满安乐。

还有，噢，烦恼的心，如果你可以早一个月踏上求道之旅，你现在会离佛果更近一些！

有如你把

他人的精卵聚合体

当成自己并执著它，

现在你应将有情众生——他人——当作你自己。

现在为利益他人尽量贪婪吧！

只要身上有任何别人需要的东西，

就全部盗取过来，
拿来利益众生。

我们许多所作所为使自己更自私，也扼杀了快乐。自他易位在生命中能带来满足，就是这么简单。

贺伯·君德将我执（ego）定义为“虚构的自我”（fictitious self），此处“智慧的心”劝“虚构的自我”要不计一切从中解脱并利益他人。如果你烦恼的习气是偷盗，那么就将偷盗转化为利他。为了从贪婪中解放出来，想象偷盗是你虚构的自我最执著的行为，然后，布施给需要的人。这是一项独特的教示，教我们逃出自我中心的陷阱。

我真是幸福快乐，而他人闷闷不乐；
我高高在上，而他人寒微卑下；
有人帮助我，而他人被弃：
我为什么不嫉妒自己呢？

快乐、满足：我要舍离。
他人的痛苦：我要拥抱。
不时观察自己，
就会察觉自己的过失。

当他人犯错，
我乐意承担罪过；
若自己有错，无论多么微小，

我也要在众人面前发露忏悔。

以上诸颂开始了另一大段，“只顾自己”的烦恼是所有受苦之因。我们既不怪罪别人令我们不快乐，也不严厉恶意地自责，而是以清晰、慈悲的眼光，来看自我中心如何摧毁了永续快乐的可能性。我们若老是认为“我最重要”，这可比其他烦恼都让我们受苦。

他人的美名，我会大大宣扬，
让他比自己的声誉耀眼。
在众生之间，我要像仆从，
卑微地为他人的利益而努力。

自我在本质上就充满了无边的罪过，
即使它有少分智慧，我也应隐藏而不渲染。
无论它有何功德，我都会藏匿，
没人知道。

这些颂文很容易被误以为是自虐指南。我们必须清楚寂天菩萨并非劝我们伤害自己，而是鼓励我们接受自我本位所带来的痛苦，要我们用内在的智慧来翻转它。这项修行不会让我们蔑视自己，反而提升我们对本初善的信心。当我们习惯性将错误全怪罪到自我头上时，须记得这一点。

我的自我为了利己损人，

造成各种伤害；
愿一切全落在它身上，
伤害它自己——却对他人有利。

寂天菩萨想要他的我执感受到自私所造成的伤害，这必可治愈我们因自我中心而伤害他人的习性。

别让自我耀武扬威，
高慢、专横。
应像刚过门的新娘，
腼腆、忸怩、害臊且羞涩！

自我就应这样，而且坚持下去！
若它故态复萌，
就用对治法门强力监控；
若不管用，只好处罚了。

此处寂天菩萨继续讨论自我中心，并建议采用格西本恭甲的方法。如果温和的技巧对你不管用，就用强制的！人生苦短，没时间花在贪爱自我上面。

心啊！虽然你已受到长期忠告，
若还不肯听劝，
既然一切过失都将归咎于你，

你现在该受罚了！

你能伤害我的时间已经过去了，
现在我不会再受你摆布了。
我认清你了！你还能逃到哪里去？
我要立即消灭你和你的骄慢蛮横。

“你的时间到这里为止了！”“佛性的智慧”对“我执”说：“我可不会再让旧有的习气纠缠不已了！”

如果寂天菩萨所用的语言——你现在该受罚了！——对你不发生作用，你可以用自己的话来说。但别说得太甜美了，一味只顾自己是有害健康的。

总有那么一天，我们必须不再将自己的缺点跟“自己”画上等号，而开始将焦点转移到本初善上。我们应该了解自己的短处不是绝对、牢不可破的，而是相对、可去除的，我们随时都可开发佛性的智慧。

每一个谋求自己利益的想法，
都要舍弃、放下。
你已经卖给别人了，
别再自怨自艾，去服务众生吧！

记住这点！别再自怨自艾，去服务众生吧！但对自己说的时候要保持微笑。也请记住，这是你对怀着忧伤的自我说的，可不是对他人说的。

因为我若失去正知正念，
忘了把你布施给众生，
那么你一定会把我交给
地狱里的狱卒。

因为我们的失念和烦恼，常常陷自己于水深火热之中，因此最好保持觉醒状态！当菩萨不再只顾自己并能利益他人时，会感到莫大的喜悦。

这就是你曾经多次背叛我，
也是我长久沦落受苦的原因！
如今忆起新仇旧恨，
我要消灭你这自私自利的心！

若能善巧运用这类粗鲁且以嗔止嗔的方法，将可培育慈心。

所以我若想要幸福，
就不应再爱执自己；
同理，我若想救度自己，
就要经常守护他人。

不再爱执自己，这是指自私的行为。寂天菩萨说：利益他人会令自己满足。一位西藏上师称此为“聪明的自私”，愚蠢的自私则是不顾他人福祉，自己永远不满足。

这个人身多多少少
被宠爱被保护，免受伤害；
就这样，就这样，多多少少
就变得敏感而焦躁了。

处于此一状态的人，
就算用地球及其上的一切事物，
也满足不了他们的欲望。
谁能满足他们所有的贪欲呢?

永不满足的欲望带来痛苦，
内心便被邪思所侵入。
心无所求的人，
福德的殊胜是难有底限的。

寂天菩萨强调贪欲是没完没了的。若以为贪欲会带来舒适和安全，犹如添加更多木柴来灭火一样可笑。

因此，我将不给身体
任何增长贪欲的空间和机会。
在我们的所有物中，
不以它们的吸引力来炫耀的，最为殊胜。

这里重申，财物本身没问题，问题出在我们对财物的贪爱上。

尘和土是身体最后的归宿，
身体本身不能动，需要靠其他力量来推动。
这无力自持而且不净的躯体——
我为什么视它为“我”或“自我”？

身体本身不能动，需要靠其他力量来推动，此指死亡后，身体就被抬走了。身体会消亡，它现在就不是永存的实体，死后更不是。

生或死，有什么分别呢？
这个机件对我有什么用呢？
它和一抔黄土有何差别？
啊，为什么不除去“自我”的妄想呢？

当然，身体也是很有用的。但只要对身体生起了依恋感，它就完全没用了。这一则讯息我们已一听再听，希望我们听到心里去了。

给这个身体过多的注意，
我便毫无意义地给自己添了许多苦恼。
我所有的爱恨有什么用——
不过像木桩一样无情？

临死之时，我们可能在贪欲和憎恨上练就了一身好功夫。但功夫要磨炼到什么程度呢？别等临死再问自己这个问题吧！

无论我保护、娇宠身体，
还是让它被鹫鹰等尖喙撕扯，
这个身体既不感觉快乐，也不生嗔——
为什么我那么贪着它呢？

遭受毁谤时便嗔恨，
受到赞美时便欢喜，
对于两者，身体都无动于衷——
我为什么还殷勤地侍奉它呢？

你会说，因为喜爱，
他人，我所有的朋友，也会喜爱它。
他们都喜爱自己的身体，
我又为什么不把他们的身体当作自己的一样喜爱呢？

听到人们说你气色真好、活力四射，你就高兴。听到别人说你看起来比之前老一点了，你就心情郁闷。我们总是为了一点点的赞美或责怪，又加大了虚构的自我，我为什么还殷勤地侍奉它呢？寂天菩萨在第一八二颂中问：为什么这样对待自己，对待这个短暂无常的自我呢？

第一八三颂中，我们又见到熟悉的类比。我们宣称：我保护、娇宠身体是为了带给他人欢悦。如果真是这样，你为什么不去爱惜保护他人的身体，这一定也会带给他人欢悦的。

因此，我应从贪爱执著中舍离，
当为众生的利益施舍这个身体。
虽然这个躯体引生了许多过患，
我仍应把它看成渡越苦海必要的舟筏。

所以，愚痴的行为我已厌倦。
我将追随智者的足迹，
谨记圣教，精进不放逸，
避免一切睡眠和昏沉。

此处，寂天菩萨发愿把这个身体看成必要的舟筏。当我们也同样精进地追随智者的足迹时，身体会度我们至无上的觉醒。

我要效法慈悲的菩萨佛子，
负起重担，修习所有应修习的功课。
若不昼夜认真修行，
何时才能离苦呢？

Trungpa 仁波切经常将重担（burden）用于正面的意义。利益众生而吃苦耐劳，令他喜悦。昼夜认真修行并非指挣扎奋斗，而是指以大象奔向清凉水池的热切，或天鹅引颈飞入莲花池中的喜悦，精进不懈。究竟来说，是设定最优先的目标。这样，我们做每一件事都是为了唤醒觉醒的心。

为消除佛道上的障碍，
我要从烦恼的道途上回转；
经常依止最恰当的所缘境，
将心安住于三摩地。

第十品　功德回向

《入菩萨行》第十品中，寂天菩萨将造论所积聚的功德回向自己及众生，借由读诵这些回向的颂文，我们可以运用他专精的协助，表达我们内心深邃的希求。

这是既简单又深刻的觉悟功夫。在日常生活当中——开完会、用完餐或者结束一场开示的时候——我们可以发愿将所得到的利益与人分享。我们可以想着某个需要帮助的人，或是身处战乱的男女老少，或者遍一切处的一切众生。

我有一次问 Trungpa 仁波切有关用斋完毕功德回向的事，因为我经常失念进食，饭后功德回向不过是变本加厉顾念自己而已，如果还自以为自己有什么功德，不免显得假惺惺。可是他回答说，我能在安全舒适的环境中享用营养的餐食，就是一种福报，所以我其实是有许多功德可以分享的。

他也提醒我三种善教：初善、中善、后善。如果我们可以明确地发心利益自己和他人，继续尽可能地开放心灵，最后我们总有可以分享的功德。纵使我们在过程中完全散乱失念，然而一开始那明确的发心，仍可将任何行动都转化为菩萨的修行。

功德回向可以改变心态。我们不再一味地只想着自己，而会开始超越“我”、“我的”。只要经常记着他人的苦难，记着每一个人都有开悟的可能，我们的视野就会更具超越性。

功德回向也使我们柔软。我们对于同处地球的一切人类和动物所受之苦，更能感同身受。他们跟我们一样需要帮助。而我们不喜欢的人、甚至我们认为“罪有应得”的人，也都应是我们回向的对象。这看似不过是小小的爱和关怀的象征，但已足以疗愈世间之苦。我们对世界和平最有贡献的做法，就是软化我们僵硬的心。

造这部关于
进入菩萨道的论书，
所能获得的一切福善，
愿回向每一众生都步上成佛之道。

寂天菩萨以这简短的回向开始。他发愿他令人赞叹的努力，能令每一位众生都过上菩萨生活：愿回向每一众生都步上成佛之道，包括我们觉得没有资格的人。

希愿众生觉醒包括两部分：第一是诚挚希求众生早日觉醒；第二是对于觉醒不但可能而且必然的信心，日益增长。唯一的问题，仅在于我们是要拖延，还是要加快这个过程。

愿一切处

身心痛苦的众生，
因我的功德善业，
获得无量喜悦和安乐。

愿他们在轮回期间，
始终不失现有的安乐；
愿他们相续无间，
尝到无上妙乐！

寂天菩萨为六道一切众生发愿：借由他的功德，让受苦的人类和动物，能够获致无量的身体安适和心理喜悦，愿他们享受良好的健康以及其他世间利益，同时也能认识他们真实的本性而享受究竟之乐。当我们功德回向时，我们可以心里想着遍一切处的一切人们，愿他们获得无上妙乐。不止是一个下午的快乐，而是永续的快乐。换句话说，我们要把它观想得愈大愈好。

无论在天涯海角，
还是在地狱，
愿被束缚的苦难众生，
都尝到极乐世界的安乐和寂静。

首先，寂天菩萨将悲心献给在地狱受苦的众生，甚至祝愿我们认为卑劣不堪的众生也一切安好。众生如果做出可怖的行为（往往还乐在其中），他们的心将会投射出地狱的情状。

提到地狱道的理由之一，是为唤醒悲心；另一个理由是为脱落我们冷酷无情的凡俗思考。一般而言，我们若看到施虐者得到报应会额手称庆，然而这些发心改变了我们看待事物的方式。我们至此明白，若唤醒了世上施虐者的菩提心，残暴便无从发生。这样，地狱从此成空，不人道的待遇亦将销声匿迹。

许多人可能还没准备好发这样的愿，我们可能还因为怨恨和痛苦，而无法对不喜欢或害怕的人发这样的愿。我发愿我们有一天都能说出这样的话：愿地狱道众生能以清晰而开放的心智，看待世间，获得安乐和欢喜，愿他们视世间如极乐世界一般。

愿寒冰地狱中受冻的众生得到温暖。
从菩萨祈福的祥云中，
无边的甘露雨水倾注而下，
令灼热地狱中遭焚烧的众生感到清凉。

愿刀剑地狱中的刀林剑叶，
化为甜美的果林和灵秀的林间空地。
愿遍布铁刺树的山丘，
都长出如意宝树。

愿地狱中每一角落都令人愉悦，
有香水池和芳香的莲花，
点缀着天鹅、野雁，
及发出悦耳声音的水鸥。

愿炙热的木炭化为珍宝聚，
滚烫的铁板化为清凉的水晶地板，
众合山化为天宫，
供品庄严处化为诸佛殿。

愿坠落的岩浆、火石和刀剑，
都变成缤纷花雨。
更愿刀兵相互疯狂砍杀的地狱，
化为情人互相献鲜花般地祥和。

卷入无极大河地狱的众生，
皮肉熔蚀，枯骨白皙如水仙，
愿他们因我的福德之力，获得美妙天身，
和天女们同在清凉无比的天河游戏。

这些颂文指的是传统对地狱的描述,类似但丁的《神曲》。在地狱，强烈的痛苦令人觉得永无止境，无论是冷酷还是暴烈的仇恨所引起的痛苦，寂天菩萨都祝愿痛苦得以减轻。

地狱众生如何转移仇恨，改变敌意，不再残酷？如何让星星之火一般的柔软点亮他们的心？这在持续没有间断的苦恼中不太可能发生。关键在于从菩萨祈福的祥云中，无边的甘露雨水倾注而下！

虽然为痛苦折磨的众生要改变其心看似渺茫，一个可能的办法就是，由菩萨或者像我们这样的人代他们发愿。这些陷于地狱心态的众生几乎无可遁逃，但向他们施以悲心，就会有令其离苦得乐的力量。

心灵封闭的众生，由于我们的愿力，会感受到灵光一现的仁慈。这乍现的灵光告诉他们过另一种生活是可能的，于是这位众生也许在恶劣的环境中感受到一股清新的改变，而不再卷入灼烧的火流，反而像在净土清凉无比的天河。

地狱众生会生疑：死魔的喽啰和鹰鹫怎会恐慌起来呢？
是谁的微妙力量，驱走恐怖长夜，带来光明的喜悦？
蓦然仰首天际，只见金刚手菩萨相好庄严，辉煌照耀。
愿他们罪障净除喜悦无边，亲近金刚手菩萨。

当他们看见浸透香水的花雨飘降，
熄灭地狱沸腾的岩浆，
心中立感安乐，不禁生疑：这怎么可能？
这时地狱众生会看见手持莲花的观世音菩萨。

朋友，不要再害怕，快到这里来！
这位驱除恐怖，顶上有五束发髻的童子，
这位救度、保护每一位众生，
威力能灭苦引乐的菩萨是谁？

你看到他的宫殿中回荡着成千天女所合唱的赞歌，
数百位天众将冠冕脱下，恭敬地在他的莲足前顶礼，天花妙雨飘降他庄严的髻顶，大悲的泪水湿润他的双目？
愿地狱众生看见文殊菩萨时都如此大声欢呼。

同样地，我也祈愿地狱众生因我的福慧善根，
看见自祥云中飘降清凉芬芳的雨水。
他们的业障为普贤等菩萨清除殆尽，
愿一切地狱愁苦众生皆得无漏妙乐。

菩萨进入恶劣幽暗的处所，救度并鼓励那里的众生，众生内心会感受到一种前所未有的希望。佛性并不会因为身处地狱便消失不见，只是很难发掘出来。一旦菩萨进入我们的生命中，他们会唤醒我们的智慧与慈悲。我们只要和菩萨同在，无论身处地狱还是痛苦少些的其他恶道，菩萨的特质会与我们天生的力量和良善共鸣。

愿畜生道的卑屈众生，
远离弱肉强食的恐惧。
愿饿鬼道的无望众生，
获得如北俱卢洲人一般的满足喜悦。

愿观世音菩萨手中，
不断流出甘露乳汁，
令饿鬼道的众生餍足，
并永浴其中，清凉常在。

第十六颂的第一、二行指出动物的恐惧和痛苦。次两行和第十七颂则描述饿鬼道，此道众生为无法满足的饥渴所苦。

根据古印度神话学，北俱卢洲（Uttarakuru）是十分和谐而平静之处，我们住的南赡部洲（Jambudvipa），则没有那么和谐平静，但仍是不错的出生之处。寂天菩萨谈完恶道的痛苦，开始对你我这样的人类流露悲心；他列举我们的苦恼，愿其止息，愿一切众生均自苦与苦因解脱出来。

愿盲者看见，
聋者得听，
产妇都像佛母摩耶天女一样，
生产时毫无痛苦。

愿裸露者得衣服，
饥者得饱足。
愿渴者得到
净水和美味饮料。

愿贫者获得财富，
憔悴操劳者得快乐。
愿绝望者恢复信心，
意志坚定，卓越超胜。

愿所有生病众生，

超脱疾病的痛苦。
愿折磨众生的疾病，
即刻永远绝迹！

愿怖畏者不再恐惧，
愿俘虏挣脱束缚，获得解脱，
愿瘦弱者强壮有力，
愿有情众生心存慈悯，互相扶持。

愿奔波的旅者，
处处得到安乐，
愿他们不费辛劳，
顺利成办内心的目标。

愿海洋中的航行者，
到达想去的港埠，
愿他们平安抵达边岸，
和亲友欢乐重聚。

愿苦难中迷失歧途的路人，
幸遇同行的旅人，
免除盗匪猛兽的威胁，
毫不疲倦，旅途顺利。

愿迷途于无路的荒郊野地的
老少、残弱、无人保护者
及愚钝、癫狂者，
得到天人的护佑。

寂天菩萨愿他所能念及的众生，都安适自在。发愿的人这样诚恳地发自心底的想法，将会使自己如受祝愿的人一样幸福。你也许好奇何以如此，这是因为当我们悲悯并慈心待人时，自心也会随之软化，并得到转化。这样一来，施愿者和受愿者都深受利益。

研究显示，祝愿和祈祷的确对人们有正面的影响。即使你是位怀疑论者，只要你希望心目中祝愿的人得到幸福，那么你也绝对会从这项回向的修行得到利益。

愿一切众生得生于人道，
具足智慧、信心和慈爱，
生计和日用物资富足。
愿他们一生保持正念。

愿每一位众生的财富都源源不竭，
如虚空宝藏一般，
如其所愿享用，
不相残害，无有对立。

愿每一位众生的财富都源源不竭的愿望可能有些危险，因此寂天菩萨特地加上了：愿一切众生的需要得以满足，却不会造成对立，也不会引发自私、贪婪和卑劣的心态。

愿卑微贫士，
容光焕发；
辛劳憔悴者，
形貌庄严。

愿世间女子，
拥有丈夫气概。
愿贫寒之士晋升显贵，
傲慢狂徒成为谦谦君子！

愿为工作所累的人恢复健康和美丽，愿意志消沉的人得以振奋，愿傲慢的人得以谦卑，并愿世间女子拥有丈夫气概。

我们若要了解女身转为男身这一句，必须先了解寂天菩萨开示的背景环境。在八世纪的印度，身为女性并不是福气。即使很富有，也不过比经济动物多一点价值而已——还可能受到更糟的待遇。如果你有志于修行，性别也会是一大障碍。即使在今日，一些东南亚的出家女众仍受到不公的对待，由于文化偏见，往往无人供养食物或照料她们的生活所需。

这便是寂天菩萨指出的不平等。他的愿望是妇女不再受到这种不公正待遇，遭到痛苦，并且在未来世得生于没有偏见的环境。

此处的话语充满悲心，若我们为偏见——性别、种族或宗教——

所苦，愿我们能免于那种不公正及必然随之而来的困难和障碍。

愿我所修集的福德，
回向每一位众生，互相扶持，
断除一切罪业，
今后常行善业。

愿他们不舍菩提愿，
不断投入菩提行。
愿他们成为佛子，受诸佛护念，
断除魔障。

这两则颂文话锋一转。在前后的颂文中，寂天菩萨希望我们外在环境安适，支持我们修行，此处也祝愿我们努力求道。菩萨的挑战是消除所有的偏见，这样我们的愿力便能给予一切众生最大的正面影响。

愿每一众生，
尽享天年。
愿他们满足安乐，
连“死亡”的名称都闻所未闻。

愿十方世界，
遍植如意树，
充满诸佛菩萨

所宣说的微妙法音。

愿地表处处美妙，
不见巨石、悬崖和深渊，
平坦如舒张的手掌，
柔滑如吠琉璃！

愿无量菩萨圣众，
为环坐闻法的佛子，
在各处兴起，
以殊胜佛法庄严佛子的道心。

愿每位一众生，
从鸟鸣和树息，
从光明和天空，
不断听闻到微妙法音。

愿他们值遇诸佛
和菩萨圣众。
愿天人师
得到无边供养的祥云。

愿慈爱的神祇带来及时雨，
五谷皆丰收。

愿仁王依佛法治国，

愿世界欣欣向荣！

愿我们有勤能的政府，愿我们有觉悟的社会，统治者总是为每个人的福祉着想。

愿药物都具有强效，

愿诵咒消灾祈福皆能灵验。

愿食肉的空行，

都充满慈悲心。

愿众生没有痛苦，不受病痛折磨，

也不憔悴消沉，从不犯罪。

愿他们远离恐惧，不受轻视，

愿他们心中永无忧苦。

以下几则颂文是特别回向给比丘和比丘尼，也就是寂天菩萨的出家道友。

愿伽蓝和寺院，

诵经念佛盛行。

愿僧众和合共住，

菩提愿行实现。

愿发心修学的比丘，
得寂静处闭关修行，
断除妄想狂心，
内心堪能，修习止观。

愿比丘尼所需资具皆得供养，
远离口角是非、憎恨报复。
愿所有出家四众，
戒行清净，毫无戒垢。

愿破戒者皆痛改前非，
愿他们努力忏除罪业。
愿他们来世得生善道，
严持禁戒永不再退失。

寂天菩萨愿寺院中的智慧增胜、僧众和谐共住、利益他人的心愿圆满、一切资具得到供养，最后他愿僧团永远保持当初的誓愿。我本人也是住在僧院中的一员，我知道这些事对比丘、比丘尼每日的福祉有多么重要。

愿有智慧、德学的长老广受尊敬，
顺利获得所需资具。
愿他们心净无染，
弘法利生的美名传遍十方。

愿众生不为恶趣所苦，
不必经历痛苦和艰难。
愿他们的力量和美善超越天神，
迅速修成无上正等正觉。

愿有情众生，
不断供养诸佛。
因佛陀的无边福德，
恒常得享身心安乐！

愿一切菩萨都能达成利益众生的大愿，
愿有情众生蒙受诸佛的护念。
愿阿罗汉和辟支佛
最终获得无上妙乐！

有时我们最大的痛苦，源自拒绝他人的慈心和支持。因为偏执，我们觉得这类协助是负面的、可疑的，因此不能从中获益，这几乎就是投生恶道了。寂天菩萨希望众生能够打开心灵来接受祝福和福报。

愿我借由文殊师利的慈心，
证得极喜地，
生生世世，
出家为僧！

愿我仅以简单平常的起码饭食，
维持生命。
生生世世，
都能安居静处。

无论何时，当我想瞻礼文殊的慈容，
或想请问佛法义理时，
愿我能无碍见到，
怙主文殊师利菩萨。

为了成满十方虚空界中
众生的利益，
愿我一切作为皆反映出
文殊师利菩萨的功德！

有时候自己的幸福是最难祝愿的。但在这些颂文中，寂天菩萨将福祉回向给自己。第五十一颂中，他愿体证空性，这是经教中所称的初地菩萨，也就是极喜地。

只要虚空仍然存在，
只要还有众生流转其中，
我誓愿长久住世，
精进不懈去除众生的痛苦！

愿一切众生的忧悲恼苦——

完全感在我一人身上。

愿菩萨的广大功德，

令众生稳享安乐！

第五十五颂在说明菩萨道的希求和精神方面，比起其他部分都来得中肯。第五十六颂所表达的想法，其中之一便是自他交换的修行。

愿解除众生痛苦的唯一良药

及一切安乐之源的佛法，

广受尊敬的护持和赞誉，

并且长久住世！

佛教历经二千五百年，持续至八世纪，寂天菩萨因而受益。也许正是由于这样的愿，接着又从八世纪持续至今。然而，佛陀曾说诸行无常，甚至他所说的佛法有一天也会消失。听到这一点，我就想：只要佛法在世间一天，我们就要善加利用它。

我今礼敬文殊师利菩萨，

他的慈心恩德是我愿求菩提的泉源。

我也敬礼师长和善知识，

他们激励我善行力量的成长。

最后一则颂文是感念曾帮助我们修道的菩萨和善知识——最后再对他们表达感谢和尊敬，根据经教，这要称诵三次。

到此我们便结束了第十品，也结束了寂天菩萨的法教。愿你与我一样受到了鼓励和支持，并运用法教来改变生命。

虽然这些教示的年代甚早，但仍能在这个时代，当我们每个人面临挑战时，发挥深刻的影响。法教帮助我们认识自己的潜力，帮助我们成为和平使者，也就是成为这混乱世界中有效率、有责任感而且有慈悲心的公民。

我们应将寂天菩萨的话语，当作应付未来挑战的重要教示。我们应学着不将事情恶化。除此之外，也看不出还有什么值得立即开发的技巧了。寂天菩萨还不止于此，他又精准地指导我们如何开发慈悲心，甚至对待“仇人”也一样慈悲，以及如何培养爱而非仇恨。

Trungpa 仁波切在生命的最后数年，致力于开示如何创造觉悟的社会，称之为“香巴拉视见”(Shambhala vision)。此一传承在今日仍为其子嗣萨姜米庞仁波切（Sakyong Mipham Rinpoche）所宣扬。此一教示很简要，但十分深刻。我们生来都拥有智慧，能够为自己和他人创造清净无染、意气昂扬的生命。寂天菩萨的话语，进一步肯定了此一教示。我们确能突破自筑的茧，努力去救度这扰攘不安的世间。如此不但家人和朋友受益，甚至“仇人”也会获得宁静和平。

若我们觉得这些教示有道理，我们能够决心受持奉行吗？在这个时代，我们真有选择吗？我们还能过得无知无觉、一切只顾自己吗？当风险如此之高，我们还有故意拖延的余地吗？我怀着友爱，以同为一家、同渡一船的心情，和你分享我所关注的事，愿这些法教令我们每一个人生命改观。我追随我的上师及寂天菩萨的典范，祝愿所有众生拥有好福报——祝你好运！

菩提心妙宝，
未生者当生；
已生勿退失，
展转益增长。

附　录　研读指导

以下是独自或团体研读《入菩萨行》的一些建议：

大声朗诵

传统上《入菩萨行》是用来大声读诵的，这样才能尽可能让最多的有情众生听闻，包括去上学的孩子、松鼠和小狗以及一切小虫。他们此刻可能无法真正听到，但这会渗入他们的细胞，以另一种方式给予他们正向的影响。

Patrul 仁波切常在室外讲授，其间念诵论文让所有鸟儿、其他动物以及过往行人听到并获益，这是向众生开方便之门。

背诵

当你读诵每一品，至少努力记诵一小节。你可以写在索引卡上，或张贴在时时可以看得到的地方。一遍遍念诵直到会背，对你一定有益。

作笔记

无论在团体或独自研读，最好用笔记本记录每一小节的读后感，例如念完或背完一则颂文，咀嚼其意涵，看看它给你怎样的启发然后写下来，短短几句也无妨。然后，当你上完课或参加完读书会，或者有更多机会将之应用在生活上时，你可能会想记录得更多。这样下来，生命应该会有不同的经验和意义。

回向

如果你愿意，每当念完一段，你可以回向你读诵的功德作为结束。另一种方法是吟诵第十品的几则颂文。回向之后，你可以接着以下的观想。

观想

回向功德之后，你可以这段观想作为结束。闭上双眼，观想寂天菩萨所写的《入菩萨行》在你面前，可以如本书的形式，也可以是传统的布皮封面，你可以视此为慈悲和智慧的体现。本论同时也代表你希求减轻自身的痛苦，然后能够尽力去减轻世间的痛苦。

看到这些之后，观想书化为光，随你怎么想象都可以。光散发出去，融入你的身体，你可以想象光充满你的身体，你因此感到快乐；也就是说，你确实感到菩提心的特质，如爱和慈悲，以及开放、解放的心灵和心智。最后，将光发散到身体之外的虚空，再发散给你的城市、州、国家和全世界的一切众生。

谢　　辞

我主要的灵感永远来自我的上师：Chögyam Trungpa 仁波切、第十六世大宝法王噶玛巴尊者（His Holiness the Sixteen Karmapa）、第十七世大宝法王噶玛巴邬金钦列多杰（The Seventeen Karmapa, His Holiness Ogyen Trinley Dorje）、顶果钦哲仁波切尊者、创古仁波切（Venerable Thrangu Rinpoche）、萨姜米庞仁波切，以及我目前的主要上师：Dzigar Kongtrul 仁波切。

宗萨钦哲仁波切口头所讲述第一品至第七品，是我重要的资料来源和精神鼓励；我也大量依赖格桑嘉措格西（Geshe Kelsang Gyatso）的注释书，以及昆班堪布（Khenpo Kungal）和丘加堪布（Khenpo Choga）对第一品的注释，译者为安德烈·克雷西玛尔（Andreas Kretschmar）。

我本人在阅读中，曾一再引用不同的译本，这里要特别感谢莲源翻译群，莲源所译的导言对我尤有帮助；我也参考过甘波修道院的本洛仁波切（Ponlop Rinpoche）讲授的整理稿；我同时感谢柯凯·罗勃兹（Kokai Roberts），他讲授的第六品对我有很大影响，还有提姆·翁斯迭（Tim Olmstead）第八品的精彩讲述。

最后，我全心感谢所有努力以赴完成本书的人：吉吉·西姆斯誊写我的口头讲述；苏·吉利录入、研究并鼓励我；华纳·吉利编辑词汇表；克莱儿·明、格蓝娜·翁斯迭及玛格丽特·卡拉汉为手稿录入；海伦·特沃可夫以不凡的眼光大大提高了手稿的品质；香巴拉出版社的伊登·史丹伯格给予建议和鼓励。最后，我的编辑海伦·伯林纳完成勇士的工作，从原稿创造出一本成书。

图书代号：SK9N1167

图书在版编目（CIP）数据

生命不再等待／（美）丘卓著；雷叔云译.—西安：陕西师范大学出版社，2010.1

ISBN 978-7-5613-4986-1

Ⅰ.生…　Ⅱ.①丘…②雷…　Ⅲ.喇嘛教—通俗读物　Ⅳ.B946.6-49

中国版本图书馆CIP数据核字（2010）第007503号

生命不再等待

（美）佩玛·丘卓　著

出版人　高经纬
责任编辑　孙国玲
书籍设计　高　雪
出版发行　陕西师范大学出版社
社　　址　西安市长安南路199号（邮政编码710062）
网　　址　http://www.snupg.com
印　　刷　三河市华晨印务有限公司
开　　本　787mm×1092mm　1/16
印　　张　23.5
字　　数　260千字
版　　次　2010年1月第1版
版　　次　2014年12月第5次印刷
书　　号　ISBN 978-7-5613-4986-1
定　　价　35.00元

NO TIME TO LOSE:A Timely Guide to the Way of the Bodhisattva
by Pema Chödrön
Copyright © 2005 by Pema Chödrön
Published by arrangement with Shambhala Publications, Inc
Horticultural Hall, 300 Massachusetts Avenue, Boston, MA 02115, U.S.A.,
www.shambhala.com
Simplified Chinese translation copyright © 2009
by Lipin Publishing Company
ALL RIGHTS RESEVED

中文译稿经由台湾心灵工坊文化事业股份有限公司
授权北京立品图书有限公司
在中国大陆地区出版发行